MÉMOIRE

SUR LA

STAPHYLORAPHIE,

OU

SUTURE DU VOILE DU PALAIS.

DE L'IMPRIMERIE DE FEUGUERAY,
RUE DU CLOÎTRE SAINT-BENOÎT, Nº 4.

MÉMOIRE

SUR LA

STAPHYLORAPHIE,

OU

SUTURE DU VOILE DU PALAIS;

PAR Phil.-Jos. ROUX,

Professeur de Pathologie chirurgicale a la Faculté de Médecine, Chirurgien en second de l'hôpital de la Charité, Che-
valier de l'ordre royal de la Légion-d'honneur, Membre
titulaire de l'Académie royale de Médecine, et Secrétaire
particulier de la Section de Chirurgie, etc., etc.

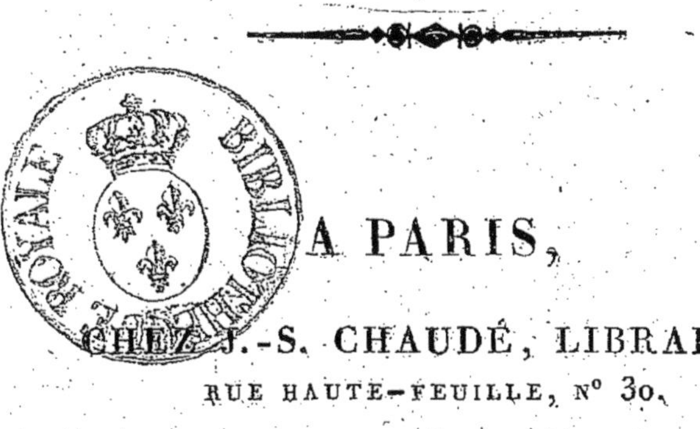

A PARIS,

CHEZ J.-S. CHAUDÉ, LIBRAIRE,

RUE HAUTE-FEUILLE, N° 30.

1825.

MÉMOIRE

SUR LA

STAPHYLORAPHIE,

OU

SUTURE DU VOILE DU PALAIS.

Réflexions préliminaires.

Il est un vice originel de conformation de l'intérieur de la bouche, analogue sous presque tous les rapports à celui de la lèvre supérieure qu'on nomme *bec-de-lièvre*, mais qui, plus que ce dernier, compromet les jours de l'homme à sa naissance, en mettant obstacle à l'allaitement, et devient après les premières années de la vie une source de graves et continuelles incommodités: c'est la division du voile du palais. Pendant long-temps on a cru ce vice de conformation très-rare, tellement qu'il en est à peine fait mention, soit dans les traités généraux de chirurgie, soit dans les ouvrages spécialement consacrés aux maladies de la bouche. Il faut parcourir les recueils d'observations, il faut ouvrir ces archives de la science où sont déposés les faits rares et extraordinaires, pour trouver la description de quelques cas particuliers de division congéniale du voile du palais : encore les faits de ce genre y sont-ils en assez petit nombre. Cependant le vice de conformation dont il s'agit n'est guère moins fréquent que le bec - de-lièvre.

Il n'y a que peu d'années encore, on le considérait comme étant au-dessus des ressources de la chirurgie ; ou plutôt on ne s'était jamais demandé s'il était possible d'y remédier autrement que par l'incommode et inutile usage d'un obturateur ; les livres de l'art ne témoignent pas qu'on se soit jamais fait la question de savoir si l'on ne pourrait pas ramener le voile du palais à sa conformation naturelle, et si les difficultés d'une opération entreprise à cette fin étaient ou n'étaient point insurmontables. Maintenant, au contraire, l'art possède un moyen de faire disparaître la division congéniale du voile du palais : il est démontré, non par un fait isolé, mais par un assez grand nombre de faits authentiques et d'observations positives, que, par une opération méthodique, on peut rétablir le voile du palais dans ses formes normales, et rendre cet organe susceptible de remplir les fonctions auxquelles il est destiné par la nature, comme s'il n'avait jamais été le siége d'aucun vice de conformation.

C'est de cette opération qu'il s'agit dans ce Mémoire. Cinq ans et demi se sont écoulés depuis l'époque à laquelle je l'ai imaginée et pratiquée pour la première fois. On devine pourquoi j'ai tardé jusqu'à ce jour à en faire la matière d'un travail particulier. Encouragé, comme on l'est dans toutes les conceptions humaines, par un premier succès, j'appelais de nouvelles occasions d'en obtenir d'autres : je voulais pratiquer la suture du voile du palais dans des circonstances différentes, afin d'en pouvoir mieux déterminer les avantages : je voulais qu'un travail dont elle serait le sujet ne fût en quelque sorte qu'un rapprochement de faits en nombre un peu considérable. Mes vœux ont été à-peu-près remplis. Il est arrivé, par rapport à cette opération, ce qui, dans tous les temps, a été le résultat ou des faits nouveaux, ou des ressources nouvelles dans notre art. Ces faits nouveaux, ou pour mieux dire, ces premières observations exactes sur des maladies peu connues, ou mal décrites, ces découvertes ou ces inventions nouvelles pour remédier à des maux qu'on croyait incurables, ne rendent pas les maladies auxquelles elles se rapportent plus fréquentes qu'elles ne l'étaient ; encore moins font-elles éclore des maux ou des infirmités qui n'existaient pas : mais elles rendent l'esprit plus attentif ; il est bruit alors d'une chose sur laquelle auparavant on gardait un silence absolu ; l'éveil est donné ; ce qu'à une autre époque le hasard seul aurait pu faire connaître, on le cherche, on le découvre, souvent même sous les traits les plus fugitifs, sous les apparences les plus légères, et dans les circonstances qui semblent le moins propres à fixer l'attention de l'observateur. C'est ainsi que les occasions de voir et de faire se multiplient : c'est ainsi que les résultats les plus importans, et des progrès inattendus dans quelque partie du domaine de l'art, dépendent le plus ordinairement d'un premier fait, d'une première donnée, d'une première impulsion.

J'ai donc pu déjà rassembler et comparer un grand nombre de faits concernant les vices de conformation du voile du palais : déjà aussi j'ai fait sur douze sujets l'opération que je propose d'appeler *Staphyloraphie* : déjà enfin d'autres praticiens se sont engagés dans la route que j'ai frayée. Il est temps de faire connaître les résultats que j'ai obtenus. J'exposerai d'abord le premier cas dans lequel j'ai pratiqué la staphyloraphie : on verra comment, dans une circonstance tout-à-fait inattendue, j'en ai conçu le projet par une de ces heureuses et soudaines inspirations que l'histoire de la chirurgie nous montre avoir presque autant contribué à d'importantes découvertes que les plus longues et les plus profondes méditations de l'esprit. Ce premier fait me servira de point de départ pour considérer en elles-mêmes les différentes sortes de division congéniale du voile du palais, et pour traiter en général de la staphyloraphie, tant sous le rapport des règles qui doivent présider à son exécution, que sous celui des avantages qu'on peut en espérer. J'aurai ensuite à faire succinctement la relation des différens cas dans lesquels j'ai répété jusqu'à ce jour cette opération, et à présenter sous un point de vue général les résultats que j'en ai obtenus, et ceux auxquels on peut espérer d'atteindre.

§ Ier.

Il y a quelque chose d'assez singulier dans cette rencontre : c'est un jeune médecin, originaire du Canada, qui m'a fourni l'occasion d'imaginer la suture du voile du palais; c'est sur ce jeune médecin, nommé Stephenson, que je

J'ai pratiquée pour la première fois; c'est lui qui a joui le premier des avantages qu'elle procure. Qu'il me soit permis de rapporter ce fait avec tous les détails que je croirai convenables : de tous ceux que j'ai à faire connaître, c'est celui auquel j'attache le plus d'importance. Il a décidé du sort de la staphyloraphie : si j'eusse échoué dans cette première tentative, probablement je n'aurais pas poussé plus loin cette nouvelle conquête de la chirurgie ; peut-être eussé-je dédaigné jusqu'au mérite de l'avoir entreprise. D'ailleurs, telle que je vais la tracer, l'histoire du cas de M. Stephenson présentera le sommaire, et renfermera comme la substance des remarques que j'aurai à faire, tant sur la staphyloraphie considérée d'une manière générale, que sur le vice de conformation auquel elle se rapporte.

PREMIÈRE OBSERVATION.

M. Stephenson avait vingt-cinq ans. Il était né avec une division complète du voile du palais. Sans réfléchir à tous les désavantages que le vice de sa prononciation pouvait lui faire éprouver dans une carrière à la fois si difficile et si féconde en peines de tous genres, il avait cédé à un penchant des plus prononcés pour l'étude de la médecine. Anglais d'origine, il avait quitté le Canada, sa patrie d'adoption, pour venir étudier à Londres et à Edimbourg : après quoi le désir d'étendre et de perfectionner ses connaissances l'avait amené à Paris. Pendant un an, je l'avais vu fréquenter assidûment l'hôpital de la Charité, assister à mes leçons, à mes opérations ; mais aucun motif ne l'avait porté à se présenter à moi comme étranger, ni seulement à m'adresser la parole. Il était sur le point de quitter Paris pour aller prendre ses grades à Edimbourg ; déjà même il avait fixé le jour de son départ, lorsqu'il vint me voir pour me remercier de la part qu'il pensait que j'avais eue à son instruction. Je fus surpris en l'entendant parler ; sa voix était nazonnée, ou plutôt buccale au dernier point, et sa prononciation était si difficile que c'eût été un vrai travail que d'entretenir une conversation tant soit peu longue avec lui : j'ai vu peu de sujets chez lesquels les mêmes effets de la division congéniale du voile du palais fussent portés à un aussi haut degré.

Je soupçonnai aussitôt qu'il avait été maltraité par le vice vénérien ; et comme nous étions seuls, je ne craignis pas de lui communiquer ma pensée. Mon observation ne le surprit pas, et le fâcha moins encore. Je n'étais pas la première personne qui fût tombée dans l'erreur à son sujet. A Londres, à Edimbourg, où il avait dû lier conversation avec des hommes habiles dans notre art, il s'était trouvé dans la nécessité de relever leur méprise en leur montrant le vice de conformation qu'il portait. C'est ce qu'il fit pareillement avec moi, et ce qu'il eût fait d'ailleurs quand bien même je ne lui en eusse pas fourni l'occasion. Il avait, en effet, formé le projet de me faire observer sur lui-même une infirmité qu'on lui avait dit être peu commune, et qu'il pouvait croire que je n'avais point encore observée.

M. Stephenson ne s'était point trompé sous ce dernier rapport. Je savais bien qu'on devait comprendre la division de la luette et du voile du palais, avec ou sans bifurcation de la voûte palatine en arrière, au nombre des vices de première conformation : mes lectures m'avaient fait connaître des faits de ce genre rapportés par des observateurs dignes de foi : au besoin, j'aurais pu citer celui qu'ont décrit Malouet et Petit, dans les *Mémoires de l'Académie des Sciences* (1); un autre dont parle Muys (2); ceux

---

(1) Année 1735.
(2) *Praxis Medico-chirurgica*, décad. VIII, obs. 9.

(9)

qu'ont rapportés Jourdain et Levret dans l'an-
cien *Journal de Médecine* (1); les exemples
dont il est fait mention dans les Actes et dans
les Ephémérides des Curieux de la Nature, et
dans les Commentaires de Saint-Pétersbourg (2);
j'aurais même pu rappeler une opinion vraiment
singulière, pour ne pas dire plus, émise dans
ce dernier recueil, savoir, que la division de la
luette et du voile du palais peut survenir après
la naissance par la destruction des faibles liens
celluleux et membraneux qui unissent les muscles staphylins d'un côté à ceux du côté opposé,
destruction causée par les cris si souvent répé-
tés, et quelquefois si forts, de l'enfant dans les
premiers temps de la vie : je savais qu'on avait
tenté, mais inutilement, de rendre les obturateurs de la voûte palatine propres à remplacer
le voile du palais : je savais aussi qu'on avait
eu l'idée de provoquer, par des moyens mécaniques, non pas le rapprochement des deux moitiés du voile du palais, mais celui des deux parties de la voûte palatine, dans le cas de séparation de ces dernières avec ou sans division
du voile du palais; et je connaissais les vues de

____

(1) Tomes XXXVII, XXXIX et XL.
(2) Vol. III.

Levret, de Jourdain et d'Autenrieth sur ce point : enfin, j'avais bien observé déjà nombre d'enfans, ou de sujets plus avancés en âge, venus au monde avec cette extrême conformation vicieuse de la face, qu'on nomme *gueule - de-loup*, dans laquelle un bec-de-lièvre, simple ou double, existe avec proéminence de l'os inter-maxillaire, séparation des deux moitiés de la voûte palatine, et division médiane du voile du palais dans toute sa hauteur, de telle sorte que la bouche paraît manquer de paroi supérieure, et semble ne former avec les narines qu'une seule et même cavité. Mais, par un hasard que j'ai peine à comprendre, surtout maintenant que j'ai vu un si grand nombre de fois la division simple du voile du palais, ou sa division avec écartement d'une partie des deux moitiés de la voûte palatine en arrière, je n'avais pas encore été à même d'observer ce vice de conformation sur l'homme vivant : je n'avais encore été consulté par aucun individu qui en fût atteint : le cas dans lequel se trouvait M. Stephenson était tout nouveau pour moi.

On se figure aisément et le soin avec lequel j'interrogeai ce jeune médecin pour apprendre de quelles incommodités le vice de conformation qu'il portait avait été pour lui la source, tant avant que depuis le développement de sa raison, et l'attention avec laquelle j'observai le vice de conformation lui-même. Le voile du palais était divisé verticalement sur la ligne médiane dans toute sa hauteur : les deux moitiés de cet organe, habituellement écartées l'une de l'autre, laissaient entre elles un espace triangulaire, confondu par sa base avec l'isthme du gosier, et agrandissant ainsi de beaucoup l'ouverture naturelle de comunication de la bouche avec le pharynx : chacune des deux moitiés de la luette (car cette appendice était divisée en deux parties exactement semblables) se montrait au bas de chaque portion du voile du palais : la voûte palatine présentait une conformation parfaitement régulière, et l'on ne voyait à la lèvre supérieure aucune trace de bec-de-lièvre.

M. Stephenson avait été nourri difficilement dans les premiers temps de sa vie ; on n'avait pu le faire téter en lui donnant la position horizontale qu'il est ordinaire de faire prendre aux enfans : cependant, à force de soins et de tentatives, sa mère était parvenue à l'allaiter en le tenant debout. D'autres incommodités s'étaient déclarées plus tard, et se maintenaient dans toute leur force à l'époque où j'examinais M. Stephenson. S'il vomissait, les matières expulsées par l'estomac sortaient presque en totalité par les narines. Il n'aurait pu ni se désaltérer au

bord d'un ruisseau, ni humer l'eau sortant par
le tuyau d'une fontaine. Il ne pouvait ni remplir
d'air une vessie avec sa bouche, pas même étein-
dre une lumière, ni moins encore tirer aucun
son des instrumens à vent : ces instrumens étaient
muets pour lui. Il n'y avait pas jusqu'à l'action
si commune de siffler qui ne lui fût interdite.
Reviendrai-je sur le timbre de sa voix et sur le
caractère de sa prononciation ? L'un et l'autre
étaient tels qu'on les observe chez les personnes
auxquelles la syphilis a détruit complètement le
voile du palais, ou perforé grandement la voûte
palatine : il fallait avoir l'habitude de sa conversation pour le comprendre sans effort.

Je ne me lassais pas d'examiner M. Stephenson, et je l'examinais avec d'autant plus de soin
que je n'espérais plus le revoir. Dans un moment où sa bouche était grandement ouverte,
un mouvement involontaire de l'isthme du gosier, nécessité sans doute par le besoin d'avaler
quelque peu de salive, et qui s'accomplit sans
l'élévation de la mâchoire inférieure, détermina
le rapprochement des deux parties du voile du
palais, et, pour un instant presqu'indivisible,
les mit en contact par leurs bords libres. Avant
cela, j'avais bien la conviction que dans le cas
que j'observais il n'y avait pas plus de perte de
substance au voile du palais qu'il n'y en a à la

lèvre supérieure dans le cas de bec-de-lièvre ;
mais je ne pensais pas, et je n'aurais sans doute
jamais soupçonné que les deux bords de la division fussent susceptibles de se rapprocher par
le jeu des muscles qui entrent dans la compo-
sition du voile du palais : et actuellement que
j'ai observé le même phénomène sur d'autres individus, j'ai de la peine à comprendre qu'il
puisse avoir lieu, et comment il a lieu. Sa mani-
festation chez M. Stephenson, au moment où je
m'y attendais si peu, fut pour moi un trait de lumière : soudain il me vint à l'esprit que puisque, par le jeu des muscles, les deux portions
du voile du palais pouvaient s'élargir au point
de se toucher par leurs bords libres, on pourrait
peut-être obtenir leur union définitive en les
tenant artificiellement rapprochées et contiguës
l'une à l'autre, après avoir mis ces bords à l'état
sanglant : en un mot, je conçus l'idée d'une
opération imitée de celle qu'on met journelle-
ment en pratique pour le bec-de-lièvre, et qui
aurait pour résultat le rétablissement du voile
du palais dans ses formes et dans sa manière
d'être naturelles.

Je n'eus pas plutôt communiqué ma pensée
à M. Stephenson qu'il la saisit avec un empres-
sement auquel j'étais loin de m'attendre. A
peine voulut-il m'accorder le temps néces-

saire pour calculer les chances d'une telle
opération, pour me préparer aux difficultés
qu'elle devait présenter, et pour jeter le plan
de son exécution. Je la lui fis le surlendemain
du jour où j'en avais formé le projet. Je ne vou-
lus pas avoir beaucoup de témoins d'une entreprise qui me paraissait si hasardeuse, et dans
laquelle je croyais l'art presque compromis. J'o-
pérai donc M. Stephenson en présence et avec
l'aide de deux personnes seulement, dont l'une
était M. Bellanger, qui, à cette époque, m'as-
sistait et m'aidait dans toutes mes opérations,
et qui depuis a donné des preuves si multipliées d'un vrai savoir et d'un excellent esprit.

Voici à quelles idées je m'étais arrêté pour
cette opération, et comment elle a été mise à
exécution. Elle devait se composer, et s'est com-
posée, en effet, de deux choses principales,
l'avivement des bords de la division, et leur
coaptation. Pour celle-ci, je ne pouvais employer que la suture, et la suture seule, sans le
concours d'aucun des autres moyens de réunion
des plaies qu'on peut ailleurs lui associer pour
en éloigner les inconvéniens. Comment aurais-
je appliqué des emplâtres agglutinatifs sur le
voile du palais ? Comment aurais-je pu utiliser
ici la position ? Comment aurais-je pu faire
l'application d'un bandage unissant ? Entre les

différentes espèces de suture, je choisis la suture simple ou entre-coupée : je l'ai toujours
employée depuis, et il me semble encore que
c'est celle qu'on peut appliquer sur le voile du
palais avec le moins de difficultés, et aussi avec
le moins d'inconvéniens. Vu la hauteur que présentait cette partie chez M. Stephenson, j'avais
décidé de faire trois points de suture, séparés
par deux intervalles égaux. Deux des fils devaient être placés non loin des extrémités de
la division. Enfin j'avais pensé qu'il valait mieux
employer des ligatures un peu larges, aplaties,
et composées de trois ou quatre brins d'un fil
un peu fort, que des ligatures plus fines.

Quant au moyen de rendre les bords de la division susceptibles d'être bientôt le siége d'une inflammation adhésive, et de contracter entre eux
une union intime, je ne songeai qu'à l'excision
avec l'instrument tranchant. Cette excision, par
laquelle ces bords devaient être amenés à l'état
sanglant, me parut, comme elle me paraît encore, la meilleure manière d'en opérer l'avivement. Toutefois, je sentis la nécessité de ne
faire éprouver à chacune des deux portions du
voile du palais qu'une très-légère perte de substance, et d'entamer chacune d'elles assez seulement pour rendre sanglantes les deux surfaces
étroites qui devaient être mises en contact.

J'arrêtai aussi dans ma pensée de faire succéder l'un à l'autre les deux temps principaux de l'opération dans un ordre inverse à celui qu'on suit et qu'on doit suivre de toute nécessité dans l'opération du bec-de-lièvre, c'est-à-dire, de ne procéder à l'avivement des bords de la division qu'après avoir placé les trois ligatures ; de telle sorte que, les bords étant excisés, je ne devais plus avoir, pour mettre fin à l'opération, qu'à les rapprocher et à en assurer le contact en nouant les trois fils, chacun séparément. Je trouvais à agir ainsi plusieurs avantages : je procédais au temps le plus minutieux, et jusqu'à un certain point le plus difficile de l'opération, au placement des fils, avant que l'isthme du gosier fût ensanglanté : ces fils, une fois mis en place, pouvaient me servir d'une manière quelconque à applanir les difficultés de l'excision ; puis je prévenais un contre-temps qui pouvait avoir lieu si j'eusse commencé par aviver les bords de la division, savoir ; que les différentes couches membraneuses, si lâchement unies les unes aux autres, qui composent le voile du palais, venant à se disjoindre au moment où je placerais les fils, les bords sanglans qu'il s'agissait de mettre en contact ne présentassent plus deux surfaces régulières : enfin je pouvais ne pas procéder à l'excision, si après avoir placé les ligatures, et en simulant avec elles le rapprochement des bords de la division, je m'apercevais que ce rapprochement ne pouvait pas être opéré d'une manière complète; et je m'épargnais ainsi le déplaisir extrême d'avoir fait succéder les unes aux autres toutes les manœuvres les plus difficiles de l'opération, sans pouvoir cependant mettre fin à l'opération elle-même.

Tel fut le plan auquel je m'arrêtai. Je ne crus pas devoir faire construire des instrumens particuliers. Dans ma pensée, je devais pouvoir pratiquer l'opération avec de petites aiguilles courbes ordinaires, un porte-aiguille, des pinces à anneaux et un bistouri boutonné. Et en effet, ce bistouri droit boutonné avec lequel je détachai un lambeau très-mince sur le bord de chacune des deux portions du voile du palais; de petites aiguilles courbes et plates dans toute leur longueur, ayant huit ou dix lignes de diamètre, et destinées à engager les ligatures; un porte-aiguille ordinaire, instrument sans lequel il eût été impossible de porter et de faire agir les aiguilles au-delà de l'isthme du gosier; des pinces à pansement destinées encore à suppléer aux doigts, d'abord pour saisir chaque aiguille par la pointe, et entraîner le fil après chaque perforation du voile du palais, et ensuite pour saisir la petite portion de chacune des deux moitiés de ce voile que je devais exciser, furent, avec des ciseaux qui me servirent à retrancher l'excédant des ligatures après que j'eus assujetti chaque point de suture par deux nœuds simples l'un sur l'autre, les seuls instrumens que j'employai.

En les énumérant, j'ai presque dit comment l'opération fut pratiquée : du moins, pour le bien faire comprendre, n'ai-je pas besoin d'entrer dans de grands détails. Comme j'avais affaire à un sujet fort docile et parfaitement résigné, je n'eus recours à aucun moyen artificiel pour maintenir la bouche ouverte; je m'en reposai sur sa bonne volonté : elle a suffi pendant tout le temps très-long que l'opération a duré. Il eût été difficile, ou même impossible, pour faire chaque point de suture, de transpercer le voile du palais avec la même aiguille, d'un côté, de devant en arrière, et de l'autre côté, d'arrière en avant, comme, en faisant la suture simple d'une plaie à l'extérieur du corps, et surtout d'une simple plaie longitudinale ou transversale, on perce les bords de cette plaie, l'un de dehors en dedans, et l'autre de dedans en dehors. Au lieu de cela, les deux portions du voile du palais furent transpercées l'une après l'autre, et chacune séparément d'arrière en avant, pour recevoir chaque ligature, dont chacun des bouts était armé d'une aiguille. Je plaçai un premier fil en bas à peu de distance au-dessus du bord inférieur du voile du palais ; un second en haut, à-peu-près sur la ligne de l'angle d'union des deux parties de ce voile ; et un troisième précisément au milieu de l'intervalle qui séparait les deux autres. De chaque côté, ces ligatures étaient engagées à trois lignes et demie ou quatre lignes environ du bord de la division. Pour faire agir chaque aiguille après l'avoir portée avec l'instrument conducteur au-delà de l'isthme du gosier, et derrière la portion du voile du palais que je voulais transpercer, la pointe étant tournée en avant, j'attendais que les parties fussent en repos ; puis, la perforation étant faite, je faisais saillir le plus possible la pointe de l'aiguille en avant ; puis je la saisissais avec la pince à anneaux ; puis je faisais lâcher prise au porte-aiguille ; puis enfin je ramenais dans l'intérieur de la bouche l'aiguille, entraînant avec elle le bout de la ligature qui en était armé ; toutes manœuvres qui ne pouvaient se succéder les unes aux autres qu'avec beaucoup de lenteur, et qui durent être faites à six reprises, séparées par quelques instans de repos.

Les ligatures étant placées, j'en abaissai la partie moyenne vers le pharynx pour ne pas être exposé à les couper en excisant les bords

de la division ; après quoi je procédai à ce second temps principal de l'opération. Auparavant,
je m'étais assuré, en tirant les deux parties du
voile du palais l'une vers l'autre avec les fils,
que je pourrais établir entre elles une coaptation exacte. Pour faire l'excision, je saisis l'un
des bords de la fente tout-à-fait en bas avec une
pince à anneaux : je le mis ainsi dans un état
de tension favorable au jeu de l'instrument,
puis avec le bistouri droit boutonné, dont le dos
était tourné vers la base de la langue, bistouri
placé en dehors de la pince, et que je faisais
agir en sciant de bas en haut, je détachai un
lambeau également épais d'une demi-ligne environ dans tous les points de son étendue. J'eus
bien soin de prolonger ce lambeau jusqu'un
peu au-dessus de l'angle d'union des deux parties
du voile du palais. Ce qui venait d'être fait d'un
côté, je le répétai du côté opposé, en joignant,
comme bien on pense, les deux plaies l'une à
l'autre sous un angle très-aigu au-dessus de la
commissure des deux parties du voile du palais.

Il ne restait plus qu'à mettre ces surfaces sanglantes en contact et à les y maintenir. C'est ce
que je fis en nouant d'abord le fil d'en bas, puis
successivement les deux autres, et en formant
avec chaque ligature deux nœuds simples l'un
sur l'autre. Immédiatement après que j'avais fait

le premier nœud, et que je l'avais serré suffisam-
ment, je le faisais saisir avec la pince à anneaux
pour qu'il ne se relâchât point, et que les parties
que j'avais rapprochées ne s'éloignassent pas
l'une de l'autre pendant que je faisais le second nœud, et cela jusqu'au moment où je me
disposais à serrer fortement celui-ci sur l'autre.
Exprimer en des termes rigoureux à quel degré
fut serré le premier nœud de chaque ligature,
je ne le puis ; mais les chirurgiens me compren-
dront quand je dirai que, parce que la suture
était ici le seul moyen de synthèse qu'il me fût
possible d'employer, la constriction fut à dessein
portée tant soit peu au-delà du degré rigoureu-
sement nécessaire pour mettre en contact immédiat les bords de la division. Je retranchai près
du nœud les deux bouts de chaque ligature, désormais inutiles.

L'opération était terminée : elle avait duré
cinquante minutes. Je ne pus résister au désir
de savoir quels effets primitifs pouvait produire
le rapprochement des deux parties du voile du
palais opéré seulement avec des fils. Je permis à
M. Stephenson de proférer quelques mots. A son
contentement extrême, et à ma satisfaction non
moins grande, sa voix avait tout-à-fait changé
de caractère; elle n'était plus reconnaissable.
C'était un essai que nous pouvions faire sans

inconvénient. Mais à partir de ce moment, toutes les précautions furent prises pour que le voile du palais, qui concourt tant à la déglutition, et dont on connaît l'influence sur la production des sons, et plus encore dans le mécanisme de la prononciation, fût maintenu dans une parfaite immobilité. M. Stephenson s'imposa donc le silence le plus absolu : tout ce qu'il devait dire, il l'exprimait par des gestes ou en écrivant. Il ne prit ni alimens, ni boissons ; j'exigeai même qu'il s'abstînt d'avaler sa salive : il la rejetait dans un vase ou sur un mouchoir à mesure qu'elle était versée dans l'intérieur de la bouche ; et pendant les trois ou quatre jours que les ligatures furent laissées en place, elle était produite abondamment. Il éloigna de lui soigneusement tout ce qui aurait pu provoquer la toux, le rire, l'éternuement, tous actes de la respiration dans lesquels le pharynx et l'isthme du gosier sont plus ou moins fortement ébranlés. Mais toutes ces privations, tous ces assujettissemens, il les compta pour rien, tant il était désireux de recevoir le prix de sa résignation.

Une légère phlogose, plutôt qu'une véritable inflammation, s'empara du voile du palais et de tout l'isthme du gosier, et persista jusqu'après l'enlèvement des ligatures.

Je n'avais aucun antécédent qui pût me guider

pour l'époque à laquelle je devais ôter les fils et abandonner à elles-mêmes les deux parties du voile du palais. Néanmoins, réfléchissant au temps que met pour l'ordinaire à se réunir la plaie qui résulte de l'opération du bec-de-lièvre, opération avec laquelle celle que je venais de faire avait une si grande analogie ; considérant aussi qu'il est d'observation que les plaies de l'intérieur de la bouche guérissent plus vite que celles des autres parties du corps ; ayant égard enfin à ce que le voile du palais est formé de parties très-molles qui auraient pu être facilement coupées par les ligatures si j'eusse laissé celles-ci trop long-temps en place, je me décidai à retirer les deux d'en haut, c'est-à-dire, la supérieure et celle du milieu, à la fin du troisième jour ; ce que je fis en coupant près du nœud que j'avais saisi avec une pince, et d'un côté seulement, chacune d'elles avec les pointes de bons ciseaux, et en les dégageant du côté opposé : je laissai la ligature inférieure en place vingt-quatre heures de plus, et ne détruisis le troisième point de suture qu'à la fin du quatrième jour.

Ce jour-là, et avant de retirer le dernier fil, j'avais fait prendre à M. Stephenson, sous mes yeux, avec beaucoup de précautions d'ailleurs, et par très-petites gorgées, quelques cuillerées de bouillon pour calmer un peu le sentiment de la faim et de la soif, qui commençait à devenir insupportable. Après que ce dernier fil fut ôté, les parties se maintinrent réunies. Le lendemain, rien n'était changé dans leur disposition; et dès ce moment je crus pouvoir compter sur le succès définitif de l'opération. Dès ce moment aussi, M. Stephenson commença à prendre des potages clairs qu'il avait le soin d'avaler doucement et par très-petites cuillerées : il prit ensuite par degrés des alimens de plus en plus solides, à mesure que l'inflammation légère dont le voile du palais avait été le siége se dissipait, et que l'union des deux parties de ce voile me paraissait acquérir plus de solidité. Comme il en coûtait peu à M. Stephenson de ne point parler, je lui fis garder le silence jusqu'au huitième jour : alors il le rompit pour toujours. C'est alors aussi qu'il y avait lieu d'être à la fois surpris et agréablement flatté du changement survenu dans le timbre de sa voix et dans le caractère de sa prononciation. Ni l'un ni l'autre n'étaient tout-à-fait ce que j'aurais voulu qu'ils fussent, et ce qu'ils sont devenus depuis : la voix était encore un peu sourde et nazonnée; quelques syllabes de certains mots étaient encore mal prononcées. Néanmoins c'était plus qu'une simple différence, c'était un véritable et grand contraste qu'on pouvait remarquer chez M. Stephenson entre son

état présent et son état passé. Toutes les personnes qui le connaissaient en furent frappées.

Dans le temps, je crus devoir communiquer
à l'Académie des Sciences le résultat de l'opération dont M. Stephenson avait été le sujet,
et que je voulais soumettre au jugement des
hommes qui composent notre premier corps savant : je le fis par l'organe de M. Stephenson
lui-même. Le leur montrer, le faire parler devant
eux, c'était les mettre le plus possible à même
d'apprécier à sa juste valeur ce qui me paraissait
être une heureuse innovation en chirurgie ; et de
fixer le rang qu'elle devait occuper parmi les inventions utiles à l'humanité. Comme la langue
française n'était pas très-familière à M. Stephenson, je composai la courte notice dont j'avais obtenu que l'Académie des Sciences entendît la lecture. Il put la lire douze jours après avoir été opéré, et partit le lendemain même pour l'Angleterre.

Un motif des plus honorables l'obligeait à recevoir à Édimbourg le titre de docteur : mais,
voulant rendre hommage à la chirurgie française, et reconnaître le service qu'elle lui avait
rendu, il composa sa dissertation inaugurale
sur le cas dont il avait été le sujet, et sur l'opération qui lui avait été faite. Il y consacre, pour
désigner cette opération, le terme latin de *ve-
losynthesis*, mot hybride, et vicieux sous ce

rapport, peu susceptible d'ailleurs d'être francisé, et auquel j'ai préféré la dénomination de *staphyloraphie*, dénomination plus euphonique, plus conforme aux principes de la néologie, et dont la désinence rappelle d'autres mots dès long-temps consacrés par l'usage pour indiquer d'autres opérations dont le but est pareillement de réunir des parties divisées. L'opuscule de M. Stephenson a tout le brillant d'un travail composé dans un moment de grande satisfaction et d'enthousiasme : il en a aussi tous les défauts; et sans affectation de modestie, j'y reprendrais volontiers les termes vraiment trop flatteurs par lesquels l'auteur cherche à acquitter envers moi la dette de la reconnaissance (1).

Six mois après avoir quitté Paris, M. Stephenson y fit une seconde apparition avant de retourner au Canada. Je le vis alors, et le présentai à la Société de la Faculté de Médecine, qui touchait aux derniers momens de son existence. Je trouvai qu'il avait gagné beaucoup pendant le laps de temps qui s'était écoulé depuis l'époque à laquelle il m'avait quitté; et l'on put juger que sa manière de parler différait bien peu de celle des hommes dont les organes qui servent à la prononciation sont bien conformés.

---

(1) *Dissertatio de Velosynthesi.* Edinburgi , 1820.

§ II.

Il s'agit maintenant d'exposer ce que des recherches et des observations multipliées m'ont appris sur les différentes manières d'être de la division congéniale du voile du palais, et de donner une courte description de chacun des cas qui peuvent se présenter, depuis le plus simple jusqu'à celui dans lequel la difformité se montre au plus haut degré de complication.

Un premier, c'est la bifurcation de la luette seulement, le voile du palais étant bien conformé dans le reste de son étendue. Parmi les diverses conformations vicieuses du voile du palais, cette simple bifurcation de la luette est une des plus rares : du moins ne l'ai-je encore vue qu'un très-petit nombre de fois; et je suis fort disposé à croire que, prenant la partie pour le tout, et voulant s'épargner une description détaillée, à laquelle ils attachaient peu d'importance, quelques observateurs ont indiqué, sous le titre de division ou de bifurcation de la luette, de luette bifide, d'*uvula bifida, uvula deficiens*, des cas de division complète du voile du palais.

Vient ensuite la division du voile du palais proprement dit, telle qu'elle existait chez M. Ste-

phenson, telle qu'elle se présentait sur six des
autres individus auxquels j'ai pratiqué la staphyloraphie, telle que beaucoup d'autres sujets
que des circonstances diverses m'ont empêché
d'opérer me l'ont présentée, c'est-à-dire, occupant le voile du palais dans toute sa hauteur,
et s'étendant jusqu'à l'épine nasale postérieure.
Toutefois, puisqu'on observe dans quelques cas
la simple bifurcation de la luette, on conçoit
qu'il pourrait y avoir division du voile du palais
dans une partie seulement de sa hauteur, comme
dans sa moitié inférieure environ: c'est, en effet,
ce qu'on remarque, mais très-rarement, selon
toute apparence. J'ai rencontré ce cas deux fois
seulement jusqu'à présent : une première fois
sur une jeune demoiselle qu'on me fit voir à
Verviers, dans le pays de Liège, et dont le cas
doit être rappelé dans la suite de ce Mémoire ;
une seconde fois, il y a fort peu de temps, chez
un jeune homme de six ou sept ans, sur qui
même j'ai fait prendre le dessin par lequel je
représente cette variété du vice de conformation
que je décris. (*Voyez* pl. Ire.)

Qu'elle soit complète ou incomplète, je veux
dire qu'elle s'étende ou non jusqu'au bord postérieur de la voûte palatine, la division du voile
du palais est toujours unique et se montre sous
l'aspect d'une fente exactement placée sur la

ligne médiane : chacune des deux moitiés de ce voile est rétractée en dehors, surtout vers la partie inférieure. Les deux sont ainsi séparées l'une de l'autre par un espace triangulaire dont la base correspond à celle de la langue ; et cet espace, confondu avec l'isthme du gosier, concourt à établir une large communication entre la bouche et le pharynx. Aux bords libres de la division sont suspendues les deux portions de la luette bifide : chacun de ces bords, un peu plus épais en bas qu'en haut, est lisse et arrondi, et recouvert par une pellicule membraneuse qui se continue avec la membrane muqueuse des deux surfaces du voile du palais. Ici donc la voûte palatine ne participe en aucune manière au vice de conformation : c'est évidemment un des cas les plus favorables pour la staphyloraphie ; c'est un de ceux où cette opération doit présenter le moins de difficultés et doit le mieux réussir, puisque les deux moitiés du voile du palais sont déjà naturellement unies et continues l'une à l'autre à la partie supérieure, et que leur écartement en bas est seulement déterminé par la force de rétraction des muscles péristaphylins, et plus ou moins grand, selon que la division a plus ou moins de hauteur.

Un bec-de-lièvre simple ou double, mais le plus ordinairement simple, coïncide quelquefois avec la division du voile du palais, telle que je viens de la décrire. La voûte palatine ne participe point à la difformité, ou si elle y participe, c'est en arrière seulement, et dans une plus ou moins grande étendue. Il n'y a donc pas continuité entre les deux divisions : ce sont deux vices de conformation de même nature, développés sous l'influence d'une même cause, mais indépendans l'un de l'autre, et comportant, chacun en particulier, l'opération qui lui est propre, sans que l'une des deux opérations soit modifiée par l'autre. J'avais dit, dans un temps (voy. *Dict. de Méd.*, art. *Bec-de-Lièvre*) qu'il conviendrait peut-être de différer l'opération pour le bec-de-lièvre jusqu'à l'époque de la vie où la suture du voile du palais serait praticable, cette dernière devant être rendue plus facile par l'ampliation de la bouche qui accompagne tout bec-de-lièvre. Maintenant, et après avoir fait de nouvelles réflexions sur ce sujet, je pense qu'il est plus convenable de faire disparaître aussitôt que possible la difformité de la lèvre.

D'autres cas se présentent, qu'on peut dire être compliqués, et qui le sont en effet, soit en eux-mêmes, soit et plus encore par rapport à l'opération à faire sur le voile du palais, opération qui présente alors et des difficultés plus grandes, si même elle n'est pas impraticable, et

moins de probabilités de succès. Dans ces cas
compliqués, il y a en même temps que division
du voile du palais dans toute sa hauteur, séparation des deux moitiés de la voûte palatine, et
quelquefois aussi bec-de-lièvre, c'est-à-dire, division de la lèvre supérieure, soit des deux côtés,
soit d'un côté seulement.

La séparation de la voûte palatine se montre
à différens degrés, sans compter que l'écartement ou l'espace compris entre les deux parties
latérales de cette voûte est plus ou moins considérable, ce qui rend plus ou moins grand l'intervalle qui sépare les deux moitiés du voile du
palais. J'ajouterai tout de suite, puisque l'occasion s'en présente, que dans tous les cas, dans
les cas simples comme dans les cas compliqués,
ce dernier intervalle varie beaucoup chez les divers sujets, à raison de la conformation diffé-
rente de la face, et en particulier de la mâchoire
supérieure, qui peut avoir plus ou moins d'é-
tendue transversalement. Strictement, il pourrait
être plus considérable, au moins à la partie inférieure, dans certains cas de division simple du
voile du palais, que dans quelques-uns de division
de ce voile avec séparation de la voûte palatine.

Pour revenir à cette séparation des deux parties latérales de la voûte du palais, tantôt elle

existe en arrière seulement, et paraît avoir pour limites la ligne d'union des os palatins et maxillaires ; tantôt elle se prolonge beaucoup plus en avant et jusque très-près de l'arcade alvéolaire. Dans ces deux cas, la fente se termine par un angle arrondi. D'autres fois, enfin, elle est complète, c'est-à-dire, qu'elle comprend la voûte palatine dans toute son étendue : la mâchoire supérieure est alors partagée en deux masses latérales, isolées, séparées l'une de l'autre par une large fente, au moyen de laquelle la bouche et les narines ne forment plus qu'une seule et même cavité. Dans ce dernier cas, il y a presque toujours division double de l'arcade alvéolaire, et l'os inter-maxillaire fait en avant une saillie plus ou moins considérable. Presque toujours aussi la lèvre supérieure est divisée en deux ou trois parties : la conformation vicieuse du voile du palais et de la voûte palatine est compliquée d'un bec-de-lièvre simple ou double.

Dirai-je un mot de la manière dont s'établissent ces conformations vicieuses de la lèvre supérieure, de la voûte et du voile du palais ? Elles reconnaissent toutes le même mode d'origine ; et ce mode d'origine leur est commun avec de semblables divisions congéniales dont sont susceptibles certains autres organes ou certaines autres parties du corps. Elles dépendent du non rapprochement et du défaut d'union des deux ou trois portions distinctes et séparées dont se compose chacune des parties de la face dans les premiers temps de l'existence du fœtus, à l'époque où son évolution commence. Parce que la lèvre supérieure est formée primitivement d'un petit lobe moyen et de deux portions latérales, le bec-de-lièvre est tantôt unique ou simple, et tantôt double : à quoi il faut ajouter que dans le bec-de-lièvre simple la division est placée, non sur la ligne médiane, mais constamment à droite ou à gauche, au-dessous de l'ouverture antérieure de la narine, et moins souvent à droite qu'à gauche : c'est sans doute parce que déjà dans le fœtus il y a une prédominance de vie dans le côté droit du corps, et dès-lors une tendance plus grande à l'accomplissement des mouvemens organiques de ce côté. Il en est de même pour la partie antérieure de la voûte palatine, partie dans laquelle un os, que sa position a fait nommer inter-maxillaire, sépare les deux parties latérales de l'arcade alvéolaire. Au contraire, parce que la voûte palatine dans ses deux tiers postérieurs, et tout le voile du palais, ne se développent que par deux portions latérales et symétriques, la division congéniale du voile du palais avec ou sans écar-

tement de la voûte palatine en arrière, est toujours simple, et toujours médiane.

On l'a vu par l'exemple de M. Stephenson :
diverses incommodités résultent de la division
congéniale du voile du palais. Ce sont les mêmes
chez tous les sujets qui ont apporté en naissant
ce vice de conformation ; mais elles sont plus ou
moins grandes chez les divers individus, et toujours en raison de l'étendue que présente la division contre nature. Fort légères, ou presque
nulles dans le cas de simple bifurcation de la
luette, elles sont très-considérables lorsque
le voile du palais est divisé dans toute sa
hauteur ; et tant soit peu moindres lorsque la
division est bornée à une partie de ce voile,
comme à sa moitié ou à ses deux tiers inférieurs.
Enfin on les observe au plus haut degré dont
elles sont susceptibles dans les cas de division
du voile du palais avec séparation des deux moitiés de la voûte palatine, surtout lorsque cette
séparation, qu'elle soit ou non accompagnée de
bec-de-lièvre, s'étend jusques et y compris l'arcade alvéolaire.

Parmi les effets qui résultent de la division
congéniale du voile du palais, quelques-uns sont
fort secondaires : ils ne portent point atteinte à
l'existence, et ne compromettent point la vie de
l'homme à sa naissance ; que dis-je ? ils sont même

étrangers à l'enfance ; et ne se développent qu'avec l'âge : ils influent peu également, ou plutôt ils n'ont aucune influence sur la condition de l'homme adulte, et ne l'exposent qu'à de faibles privations, ou à des incommodités légères. C'est ainsi qu'il faut considérer l'impossibilité de siffler, d'insuffler une vessie, de boire dans une position horizontale, d'emboucher un instrument à vent ; et aussi la disposition à rendre par les narines une partie des substances rejetées par l'estomac dans l'acte du vomissement ; ou bien la disposition plus grande que celle qui existe chez tous les hommes à rejeter par la même voie une partie des boissons ou des alimens soumis à la déglutition, lorsque cette dernière est troublée par une cause quelconque. A peine devrait-on songer à mettre fin à ces diverses incommodités, si elles étaient les seules que fît naître la division du voile du palais.

Mais deux autres effets de cette division portent un caractère bien plus grave. L'un est propre à l'enfant nouveau né ; ou du moins il ne peut avoir des conséquences fâcheuses que dans les premiers temps de la vie : c'est l'extrême difficulté où même l'impossibilité du mécanisme de la succion. L'enfant qui naît avec le voile du palais bifide, et alors même que chez lui les lèvres et la voûte palatine sont bien conformées, peut bien saisir le sein de sa mère ou d'une nourrice ; mais comme il ne peut faire le vide dans l'intérieur de sa bouche, il tète mal ou même ne tète pas du tout, surtout s'il est tenu dans la position horizontale : alors aussi la déglutition se fait d'une manière également défectueuse. L'enfant est donc en danger de périr faute de pouvoir exercer la succion d'une manière convenable, et qui suffise à ses besoins. Cependant, reconnaît-on de bonne heure le vice de conformation qui met obstacle à l'allaitement ordinaire, deux moyens se présentent pour soustraire l'enfant à la mort dont il est menacé. L'un des deux consiste à le faire téter en le tenant dans une position exactement verticale, et en aidant un peu au mécanisme de la succion par une pression sur le sein. Cela peut réussir, et cela réussit assez généralement lorsque le vice de conformation est borné au voile du palais : néanmoins, dans cette circonstance même on échoue quelquefois. Il faut alors en venir à l'autre moyen, qui est le seul applicable au cas où les deux moitiés de la voûte palatine sont séparées l'une de l'autre dans une grande étendue, de telle sorte qu'une large communication existe entre la bouche et les narines, et plus encore lorsqu'une semblable conformation vicieuse du voile et de la voûte du palais est compliquée d'un bec-de-lièvre. Alors donc il faut

essayer de nourrir l'enfant au biberon, ou bien
en se servant d'une petite cuiller. On ne doit
pas compter sur un succès constant; mais c'est
une chose remarquable que la facilité avec laquelle on réussit chez quelques-uns des enfans
les plus maltraités par la nature. Il y a dix-huit
mois ou deux ans, on amena chez moi un enfant
chez lequel le voile du palais était complètement
divisé, et la voûte palatine fendue dans toute sa
longueur, mais sans qu'il y eût bec-de-lièvre.
On s'était épuisé en tentatives de tous genres pour
le faire téter; et ces tentatives multipliées n'avaient
eu aucun résultat. Cet enfant, né depuis huit
jours, était dans le dernier degré du marasme, et
paraissait devoir mourir très-prochainement.
J'essayai de lui faire prendre avec une petite
cuiller, et en le tenant debout, un peu d'eau
sucrée : il en but de cette manière un plein verre.
Dès ce moment on put l'allaiter artificiellement
en prenant les mêmes précautions. L'enfant s'est
relevé de l'état de langueur et d'épuisement dans
lequel il était tombé : il vit encore.

Bien différent de celui que je viens d'exposer, qui a pour terme le terme de l'allaitement,
l'autre effet fâcheux de la division congéniale du
voile du palais a rapport à la faculté de parler.
Il commence avec les premiers bégaiemens de
l'enfance, s'étend, se fortifie à mesure que les

rapports intellectuels de l'homme avec ses semblables se multiplient, et doit persister aussi long-
temps que la cause qui le produit : c'est une extrême difficulté de la prononciation, une imperfection des plus grandes dans l'articulation des
sons, et particulièrement des sons gutturaux.
Quelques individus surtout peuvent à peine être
compris lorsqu'ils veulent exprimer leurs pensées, d'autant qu'au vice même de l'articulation
des sons se trouve constamment réuni ce même
timbre si désagréable de la voix qu'on remarque
chez les personnes qui ont eu le voile du palais
détruit par quelque ulcération, ou chez lesquelles
il existe une ouverture plus ou moins grande à la
voûte palatine. Qui ne sent que l'homme ainsi
privé du libre usage de la parole, ou chez lequel
il existe une telle imperfection du langage, est
à peine susceptible de recevoir, étant enfant,
l'instruction si nécessaire dans toutes les conditions de la vie, et plus tard l'éducation brillante
qui conduit à la culture des sciences et des lettres?
Lorsqu'il pourrait faire le plus noble usage de
ses facultés, non-seulement il est incapable de
contribuer au charme de la conversation, mais
encore plusieurs des plus brillantes, des plus honorables carrières de la société lui sont interdites,
notamment celles qui exigent le don de l'élo-
quence, ou tout au moins une élocution facile.

Pour mettre fin à une condition aussi pénible, à un état aussi désavantageux sous tous les rapports, et pour rendre l'homme susceptible d'exprimer facilement ses pensées, il suffit de ramener le voile du palais à sa conformation naturelle : l'exemple de M. Stephenson en est la preuve. On peut parvenir à ce résultat par une opération des plus délicates et des plus difficiles sans doute, mais qui n'a rien de cruel, qui n'expose pas les jours de l'individu qu'on y soumet, et qui n'aggrave point sa position habituelle, alors même qu'elle a été tentée sans succès. Car, il faut bien le dire, la staphyloraphie ne doit pas réussir constamment : on peut échouer, non-seulement dans les cas si désavantageux de division du voile du palais avec écartement des deux moitiés de la voûte palatine, mais encore dans quelques-uns de ceux où le vice de conformation du voile du palais est à l'état le plus simple. On verra, par l'exposition des faits qui doivent être rapportés dans la suite de ce Mémoire, à quelle proportion de succès et de non succès je suis arrivé jusqu'à ce jour.

J'en ferai la remarque dès à présent : alors même qu'on obtient de la staphyloraphie le résultat le plus heureux, il faut quelque temps pour que le voile du palais remplisse parfaitement les fonctions auxquelles il est destiné par la nature. Il y a bien un changement subit, et un changement des plus remarquables dans le timbre de la voix, dans l'articulation des sons, dans le mode de la prononciation; dès les premiers jours qui suivent la réunion parfaite des deux moitiés du voile du palais, l'individu chez lequel cette réunion a été effectuée s'exprime d'une manière toute autre que celle qui lui était ordinaire; son langage n'a presque plus rien de choquant et de pénible à entendre: cependant ce n'est qu'après quelques mois, ou quelquefois après un temps un peu plus long, qu'il a acquis toute la perfection désirable. Ne serait-il pas extraordinaire qu'il en fût autrement? N'y a-t-il pas chez les individus qui peuvent avoir à subir la staphyloraphie une habitude prise par les organes vocaux, que le temps seul peut rompre? Le voile du palais, naguère encore divisé dans toute sa hauteur par un vice de première conformation, et qu'on rend à sa disposition naturelle chez un sujet de dix-huit, vingt ou vingt-cinq ans, ou chez un sujet encore plus âgé, n'est-il pas un organe nouveau? N'est-ce pas un organe qu'on crée en quelque sorte et qui ne peut acquérir qu'avec le temps, et par une sorte d'éducation, l'aptitude à remplir le mieux possible les fonctions que la nature lui a départies?

Je n'ai parlé jusqu'à ce moment que des divisions du voile du palais par vice originel de conformation, de celles seulement qui sont primordiales, ou congéniales. C'est, en effet, pour les divisions de cette sorte que j'ai imaginé la staphyloraphie ; c'est pour elles seules que j'ai pratiqué jusqu'à ce jour l'opération dont il s'agit. Mais on observe des divisions accidentelles de la même partie qui pourraient comporter le même genre de secours ; et la staphyloraphie peut être d'une utilité plus grande encore qu'il ne le semble au premier coup-d'œil.

Déjà, parmi les solutions de continuité du voile du palais qui succèdent à des ulcérations, surtout à des ulcérations vénériennes, il en est dans lesquelles la perte de substance a été peu considérable ; la fente est d'ailleurs assez régulière, et les circonstances sont assez favorables pour qu'on puisse tenter de ramener le voile du palais à sa conformation naturelle. C'est le cas dans lequel se trouvait un jeune homme que m'avait adressé il y a dix - huit mois ou deux ans mon respectable collègue M. Cullerier. Il s'en fallait de bien peu que chez ce jeune homme la division accidentelle du voile du palais n'eût l'apparence d'une division congéniale. Elle était le résultat d'une maladie syphilitique que lui avait communiquée une nourrice mercenaire. Cependant je n'opérai point ce jeune homme : il n'avait alors que douze ans : je ne sais s'il se présentera à moi de nouveau.

Dans quelques cas aussi, la même cause, c'est-à-dire le vice vénérien, agissant, soit primitivement, soit secondairement sur le voile du palais, y laisse pour vestige un simple trou, une ouverture, tantôt allongée, tantôt parfaitement circulaire. Le plus souvent, à la vérité, cette ouverture est trop étendue pour qu'on puisse songer à la faire disparaître ; mais quelquefois aussi elle est si petite, et se présente d'ailleurs sous une telle forme, qu'il serait assez facile d'en rapprocher les bords après avoir enlevé la cicatrice qui les couvre, et de rétablir ainsi le voile du palais dans sa continuité naturelle. On m'a parlé de deux ou trois individus qui se trouvent à cet égard dans les circonstances les plus favorables, et auxquels on pourrait faire une heureuse application de la staphyloraphie.

Qui ne voit aussi qu'on pourrait étendre avec plus d'avantages encore cette opération à certaines divisions récentes, à certaines plaies du voile du palais ? N'est-il pas arrivé quelquefois que cette cloison a été atteinte et divisée par un instrument tranchant porté imprudemment jusqu'à l'isthme du gosier ? N'est-il pas arrivé plus souvent encore que le voile du palais a été fendu, déchiré dans certains coups de feu de l'intérieur de la bouche? Maintenant, je le pense, on n'hésiterait pas, ou l'on ne devrait pas hésiter à rapprocher les bords de la division par un seul ou par plusieurs points de suture, soit qu'on pratiquât l'opération au moment où la blessure viendrait d'être faite, soit qu'on attendît la cessation des accidens primitifs. Ne serait-ce pas le même parti qu'il faudrait prendre si, dans des cas semblables à ceux que rapportent Garengeot et Manne, il devenait absolument nécessaire de fendre le voile du palais pour faire l'extraction d'un corps étranger étroitement engagé dans la partie la plus élevée du pharynx, ou pour faire l'ablation d'un polype volumineux ou de toute autre tumeur de l'arrière-gorge? A peine ai-je besoin d'observer qu'on ne devrait même plus considérer comme une fâcheuse occurrence la nécessité où l'on pourrait être d'en venir à cette incision du voile du palais.

Après avoir fait pressentir le parti qu'on pourrait tirer de la staphyloraphie dans quelques divisions accidentelles du voile du palais, je m'arrêté un moment à l'opération elle-même appliquée tant aux divisions de cette sorte qu'aux divisions congéniales, mais plus particulièrement à ces dernières; et je vais indiquer en peu de mots à quelle époque de la vie elle peut être entreprise, et de quelles modifications m'a paru susceptible le procédé que j'ai mis en usage sur le jeune médecin du Canada.

A partir de l'adolescence, c'est-à-dire de l'âge où la raison est développée, il n'est pas d'époque de la vie où la staphyloraphie ne soit praticable : j'entends dire que cette opération peut être faite, même pour une division congéniale, chez un sujet de trente ou quarante ans, de cinquante ans même, ou chez un sujet encore plus âgé, comme chez un individu de dix-huit ou vingt ans, avec les mêmes espérances de succès, avec les mêmes probabilités pour la réussite. Seulement, puisqu'il s'agit, en ramenant le voile du palais à sa conformation naturelle, de faire cesser, ou tout au moins de corriger une altération des plus grandes dans le caractère de la voix, dans le mécanisme de la prononciation, le résultat définitif sera d'autant plus avantageux, et le bénéfice de l'opération d'autant plus grand que les organes vocaux seront moins fortifiés dans l'habitude d'un jeu anomal, irrégulier, et tout-à-fait contre nature. Sous ce rapport il est fâcheux qu'on ne puisse pas soumettre les enfans à la staphyloraphie, comme on les soumet à l'opération du bec-de-lièvre. Mais une opération telle que la suture du voile du palais, la plus délicate incontestablement, et l'une des plus difficiles

qu'il y ait; qui demande de la part de l'individu
qu'on y soumet beaucoup de patience et la do-
cilité la plus grande; après laquelle, et pendant
les quatre ou cinq jours qui la suivent immédiatement, l'opéré ne doit ni proférer un seul
mot, ni manger, ni boire, et ne doit pas même
exécuter le mouvement de déglutition nécessaire pour avaler la salive; une telle opération,
dis-je, ne peut être faite que sur un sujet dont
la raison a acquis un certain degré de développement : il faut qu'il ait le sentiment de sa position, qu'il soit bien pénétré de ce qu'elle a de
fâcheux, et, qu'impatient d'être délivré d'une
grande incommodité, il puisse se prêter autant
que possible à seconder les efforts de l'art. Le
sujet le moins âgé auquel j'aie pratiqué jusqu'à
présent la suture du voile du palais avait seize
ans : je consentirais difficilement à entreprendre
cette opération sur un sujet plus jeune.

On devra bien se garder d'y soumettre un individu affecté de toux; on attendra la cessation
de la maladie dont cette toux est le symptôme.
De même aussi, après l'opération, on devra éloigner soigneusement du malade tout ce qui pourrait exciter le rire, l'éternuement, une quinte
accidentelle de toux, et toute autre action capable d'ébranler les parties qui environnent
l'isthme du gosier, et de leur imprimer une se-

cousse que le voile du palais partagerait infail-
liblement, et qui entraînerait la destruction des
points de suture. Ces précautions sont encore
plus indispensables ici qu'après l'opération du
bec-de-lièvre.

Par la manière dont j'ai rapporté le cas de
M. Stephenson, et par les détails dans lesquels
je suis entré sur ce premier fait concernant la
staphyloraphie, je me trouve dispensé de donner une description générale de l'opération. Je
n'ai même pas à revenir sur les avantages du
procédé opératoire par lequel j'ai si heureusement atteint dès la première tentative le but que
je m'étais proposé : j'ai fait assez entendre qu'il
me paraissait difficile, ou même impossible d'arriver à ce but par des moyens plus simples, et plus
efficaces, que ceux que j'ai mis en usage dans ma
première opération de staphyloraphie. Aussi
est-ce, à bien peu de chose près, de la même
manière que j'ai pratiqué toutes celles qui l'ont
suivie, et dont j'ai maintenant à rendre compte.
Je n'ai rien changé au fond du procédé : seulement j'ai trouvé quelque avantage à passer les
fils avec des aiguilles courbes plus petites encore
que celles dont je m'étais servi pour le jeune
médecin du Canada ; à les faire agir avec un porte-
aiguille plus long que celui que j'avais employé
pour cette première opération, et construit de

manière à ce qu'on puisse très-aisément, et sans avoir besoin de porter les doigts dans l'intérieur de la bouche, retirer à soi l'anneau qui sert à en tenir les branches rapprochées; enfin à commencer l'avivement de chacune des deux moitiés du voile du palais avec des ciseaux : et pour cela j'ai fait construire des ciseaux à branches très-longues, et dont les lames, assez courtes, sont coudées à angle très-obtus sur l'un des côtés, immédiatement au-dessus des écussons. Je ne parle point ici de certaines modifications que j'ai cru devoir apporter à l'opération elle-même pour la rendre applicable avec quelque probabilité de succès à la division du voile du palais compliquée de séparation des deux moitiés de la voûte palatine : je les ferai connaître en exposant les cas dans lesquels j'y ai eu recours.

Il est temps de rapporter les faits que je possède sur la staphyloraphie. Ces faits sont de deux sortes, et forment deux séries très-distinctes. Dans les uns, comme dans le cas de M. Stephenson, il y avait simplement division du voile du palais : dans les autres, le vice de conformation du voile du palais était compliqué de la division avec écartement des deux moitiés de la voûte palatine dans une étendue plus ou moins considérable. Je commence par les faits de la première série.

§ III.

DEUXIÈME OBSERVATION.

Deux années et demie s'écoulèrent avant que l'occasion me fût offerte de répéter la staphyloraphie dans un cas tout-à-fait semblable à celui de M. Stephenson. Le sujet qui me la présenta était un jeune homme de la Brie, nommé Harmand, fils d'un fermier des environs de Coulommiers. Il était âgé de vingt-deux ans, et m'avait été adressé par notre savant et respectable collègue M. Percy. M. Béclard, qui m'avait exprimé le désir d'assister à l'une des premières sutures du voile du palais que je ferais, fut témoin de celle-ci. L'altération de la voix et la difficulté de la prononciation étaient portées au plus haut point chez le jeune Harmand, dont on avait été obligé de négliger l'éducation, et qui savait à peine lire et écrire. Il était d'ailleurs impatient, irascible et supportait avec peine les moindres contrariétés. J'en fais la remarque, parce que, d'une part, peu s'en fallut que son peu de courage et son indocilité ne rendissent insurmontables les difficultés de l'opération; et que, d'une autre part, il s'en fallut également peu que le succès ne fût compromis par l'impatience extrême avec laquelle ce jeune homme supporta, pendant les premiers jours qui la suivirent, les privations que je lui avais imposées.

L'opération elle-même fut donc plus laborieuse encore qu'elle ne l'avait été dans aucun des autres cas où je l'avais pratiquée jusqu'alors. Néanmoins elle fut terminée heureusement. A part les mouvemens d'impatience dont le jeune Harmand ne put se défendre, et quelques cris qu'il laissa échapper pour exprimer le besoin qu'il avait de prendre des alimens et des boissons, les suites premières de cette opération ne présentèrent rien de remarquable. Parce que le voile du palais avait peu de hauteur, j'avais placé deux ligatures seulement. Celle d'en haut fut retirée vers le milieu du quatrième jour ; je laissai la seconde jusqu'à la fin du cinquième. L'inflammation ne s'était développée qu'au degré nécessaire pour l'adhésion des bords de la plaie. Cette adhésion s'était faite pendant le séjour des ligatures ; elle s'est maintenue parfaitement, et s'est fortifiée de plus en plus après la destruction des points de suture. Le résultat définitif de l'opération a été le même que chez le jeune médecin du Canada, soit quant au rétablissement du voile du palais dans ses formes naturelles, soit quant à la cessation entière, ou tout au moins à la diminution très-grande des incommodités qui dépendaient du vice de conformation dont il était le siége. En un mot, c'a été un second cas de réussite de la staphyloraphie. Dans le temps, je présentai le jeune Harmand à l'Académie royale de Médecine, en séance générale.

TROISIÈME OBSERVATION.

Au mois d'août de la même année 1822, vint d'Aix-la-Chapelle à Paris pour se confier à mes soins, et se soumettre à l'opération que j'avais imaginée, M. de Leuwenigh, jeune homme de vingt-cinq ans, envers qui, exception faite de la mauvaise conformation du voile du palais, la nature avait été prodigue de ses dons. Il y avait été engagé par M. Ausiaux, fort habile chirurgien de Liége, qui connaissait particulièrement toute sa famille, l'une des plus distinguées d'Aix-la-Chapelle. Bien différent en cela du jeune Harmand, dont je parlais à l'instant, M. de Leuwenigh avait pu, malgré son infirmité, recevoir une éducation brillante, et en avait retiré tous les fruits. Il faut dire aussi que dès le temps où sa raison fut un peu développée, il avait fait comme l'histoire nous rapporte que fit Démosthène; il s'était étudié à corriger le vice de sa prononciation. A force d'art et d'attention, il était, en effet, parvenu à se créer une manière d'articuler

les sons moins pénible , moins fatigante que
ne l'est celle qu'on remarque chez les personnes
atteintes , comme lui, d'une division du voile du
palais. Lorsque je l'entendis parler pour la première fois, je regrettai presque qu'il ne fût pas
dans des circonstances plus défavorables : du
moins j'étais fâché qu'il n'eût pas plus à gagner
par l'opération. Je la lui fis cependant, sans rien
changer au procédé que j'avais déjà mis plusieurs fois en usage, en présence et avec l'aide
de M. Marjolin, que M. de Leuwenigh avait consulté, et à qui même il avait été particulièrement recommandé. Tout se passa au mieux pour
ce qui dépendait de moi : mais aussi, j'en conviens,
on ne peut pas être plus favorisé que je ne
l'étais dans ce cas-ci par la patience et la do-
cilité du sujet. Animé du plus vif désir d'être
délivré autant que possible de son incommodité,
et de paraître dans la société avec tous les avantages auxquels sa fortune, et l'éducation qu'il
avait reçue, lui donnaient le droit de prétendre,
M. de Leuwenigh ne fut pas moins docile à
me seconder dans tout ce qui pouvait favoriser
le travail de la nature. Ce travail s'effectua avec
une régularité parfaite ; et lorsque, quelques jours
après avoir eu retiré la ligature, je permis à
M. de Leuwenigh de rompre le silence qu'il
avait gardé depuis l'instant de l'opération, il fût

tellement satisfait du résultat, qu'il fut sur le point de ne pas réaliser le projet qu'il avait formé, en quittant Aix-la-Chapelle, de faire un voyage un peu long, dans le cas où l'opération que je devais lui pratiquer serait suivie de succès. Son but était de pouvoir, loin de ses proches et de ses amis, faire acquérir à son langage toute la perfection dont il serait susceptible : il voulait causer une surprise agréable aux personnes qui le connaissaient; et, pour la leur ménager, il avait soigneusement caché le motif de son voyage à Paris. Toutefois, il persista dans sa première résolution, alla visiter la Suisse, et, après deux mois, passa par Paris pour retourner en Prusse. Il vint me voir ainsi qu'il me l'avait promis. Je le déclare avec la même sincérité que je mettrai bientôt dans le récit de quelques cas de non réussite de la staphyloraphie, M. de Leuwenigh avait retiré tout le fruit possible de cette opération, et pouvait se féliciter d'y avoir été soumis. J'en pouvais d'autant mieux juger qu'il parlait français avec une grande facilité.

QUATRIÈME OBSERVATION.

Quelques mois s'écoulèrent, et j'eus à faire une quatrième fois la staphyloraphie dans le cas simple d'une division congéniale bornée au voile du palais, sur un jeune homme de vingt-trois ans, ingénieur attaché aux ponts et chaussées dans le département de la Nièvre. Un de mes plus anciens disciples, dont l'amitié m'est chère, chez qui d'ailleurs un savoir véritable, et une instruction solide, sont encore relevés par les qualités du cœur, M. Hervez de Chegoin, avait beaucoup contribué à faire prendre à ce jeune homme la résolution de venir à Paris. Le genre de travaux auquel il était livré indique assez jusqu'à quel point il avait pu, malgré son infirmité naturelle, acquérir de l'instruction, et familiariser son esprit avec certaines connaissances spéciales. Cependant lui-même convenait que l'extrême difficulté qu'il avait eue de tout temps à parler avait nui beaucoup à son éducation. Il avait neuf ans lorsqu'on put commencer à lui apprendre à lire, et ce ne fut pas une faible tâche pour un de ses parens qui s'en était chargé. Du reste, M. Michel (c'est le nom du jeune homme dont je parle) était, par son esprit, au-dessus de certains préjugés. Sur le simple regret que j'exprimais en sa présence qu'il n'appartînt pas à la classe indigente, afin de pouvoir rendre témoins de l'opération que j'avais à lui faire les élèves qui fréquentaient alors la Charité, il me fit la proposition de venir à l'hôpital, non pour y

rester pendant tout le temps nécessaire à sa guérison, mais seulement pour y être opéré publi-
quement. C'est ce qui eut lieu, en effet, dans
les premiers jours de janvier 1823. L'opération
fut en tout parfaitement semblable à celles que
j'avais pratiquées jusqu'alors : il serait donc
aussi fastidieux qu'inutile de rapporter ici les
détails de son exécution. Le résultat définitif a
été tel que je pouvais le désirer, peut-être même
plus satisfaisant encore que dans aucun des cas
que j'ai rapportés jusqu'ici, du moins sous le
rapport de la disposition physique des parties
qui avaient été soumises à l'opération. Chez
M. Stephenson, chez M. de Leuwenigh, chez
le jeune Harmand, la luette était restée bifide,
et j'avais cru devoir exciser l'une des deux portions de cette appendice : chez M. Michel, au
contraire, ces deux parties s'étaient réunies en
même temps que les deux moitiés du voile du
palais proprement dit; de telle sorte que, chez
lui, une cicatrice linéaire, un raphé médian, qui
règne sur toute la hauteur du voile du palais et
de la luette, est la seule trace du vice de conformation dont ces parties ont été le siége. Dès
avant son départ de Paris, qui suivit d'assez
près l'instant de sa guérison, M. Michel avait
vu cesser les incommodités secondaires qu'avait
entraînées la division du voile du palais : il pou-

vait boire dans toutes les attitudes, siffler, emboucher un instrument à vent quelconque : déjà aussi, et ce qui était pour lui d'un intérêt bien plus grand, sa voix et sa manière de parler avaient pris un tout autre caractère que celui qu'elles avaient avant l'opération. Qu'est-il arrivé consécutivement ? Le temps a-t-il étendu et fortifié le jeu du nouvel organe ? Je l'ignore : je n'ai point eu de nouvelles de M. Michel depuis qu'il a quitté Paris.

CINQUIÈME OBSERVATION.

Quatre succès obtenus consécutivement dans des cas de division congéniale bornée au voile du palais, avaient rempli mon âme de satisfaction, et me faisaient croire que, pratiquée dans la même circonstance sur des sujets dociles, et soigneux de faire tout ce qui dépendrait d'eux pour seconder les moyens de l'art, la staphyloraphie devait réussir constamment. Qui ne l'eût pensé comme moi ? Je me trompais cependant : je ne tardai pas à être désabusé. J'échouai complètement dans une cinquième opération qui suivit d'assez près la dernière dont je viens de rendre compte. M. Ribes, M. Jules Cloquet, et M. Breschet y avaient assisté. Le patient était un homme de quarante ans environ : il a nom M. de Saint-

Père, et occupe un emploi dans l'une de nos grandes administrations. L'opération n'avait présenté que les difficultés ordinaires, et je l'avais terminée au gré de mes désirs. Dans les jours qui la suivirent immédiatement, tout semblait annoncer une entière réussite; et même pendant vingt-quatre heures encore après que j'eus retiré les ligatures, les deux parties du voile du palais paraissaient agglutinées l'une à l'autre : mais, ce laps de temps écoulé, la désunion se fit, d'abord au milieu, puis successivement en haut et en bas, dans toute l'étendue de la division, et de la même manière exactement que je l'avais déjà vu plusieurs fois s'opérer, mais seulement dans des cas où l'opération avait été pratiquée pour une division du voile du palais avec diduction des deux moitiés de la voûte palatine. Peut-être y avait-il eu quelque imperfection dans l'opération, sans que je l'eusse remarquée. Je pouvais avoir trop ou trop peu serré les ligatures ; je pouvais les avoir placées sur des points, ou trop rapprochés, ou trop éloignés des bords de la division. Ce qui me parut plus vraisemblable, et même à-peu-près démontré dans le temps, c'était que, trop impatient de jouir du bénéfice de l'opération, et ne pouvant supporter qu'avec peine la diète à laquelle il était condamné, M. de Saint-Père avait commis la double imprudence de prendre trop tôt des alimens solides, et de s'exercer à parler quand il devait garder encore un silence absolu.

SIXIÈME OBSERVATION.

A-peu-près à la même époque, les mêmes causes produisirent le même effet fâcheux chez un nommé Decourty, jeune peintre en bâtimens, âgé de seize ans, que j'opérai à la Charité. Après que j'eus ôté les ligatures, les deux parties du voile du palais se maintinrent rapprochées et faiblement unies l'une à l'autre pendant près d'une journée ; mais ensuite elles se séparèrent. Quelques jours ont suffi pour les faire revenir à l'état dans lequel elles étaient avant l'opération. Nous apprîmes, d'abord des malades qui entouraient le jeune Decourty, puis de ce jeune homme lui-même, qui fut obligé d'en faire l'aveu, qu'il n'avait pas gardé un seul jour le silence que je lui avais prescrit, et que tous les jours aussi il avait pris du bouillon, malgré la défense que je lui en avais faite. Je voulais, en lui faisant prendre l'engagement d'être plus docile, le soumettre une seconde fois à l'opération : il s'y est refusé, en donnant pour motif qu'il n'attachait pas un grand prix à être délivré de son infirmité. Il s'en faut que le sujet de l'observation précédente affecte la même indifférence. M. de Saint-Père ne

serait point éloigné de subir une seconde opération, et je ne désespère pas d'avoir quelque
jour à la lui pratiquer. Les difficultés ne seraient
sans doute pas plus grandes qu'elles ne l'ont été
la première fois, et les chances de succès seraient
à bien peu de chose près les mêmes, une première opération, faite inutilement, ne diminuant
en effet qu'infiniment peu l'étendue transversale
de chacune des deux moitiés du voile du palais.

SEPTIÈME OBSERVATION.

J'ai fait enfin une septième fois la staphyloraphie dans le cas de division simple du voile
du palais sur un jeune homme de dix-sept à dix-
huit ans, fils d'un boulanger de l'île Saint-Louis,
que m'avait adressé mon collègue à l'Académie
royale de Médecine, et mon ami particulier,
M. Nacquart. J'opérai ce jeune homme au mois
de juin 1823. Il se montra, tant pour l'opération
elle-même que pour ce que les suites ont de pénible et d'assujettissant, résigné et docile autant
que je pouvais le désirer. Il a reçu le prix de sa
patience et de son courage : l'opération a parfaitement réussi, à cette légère circonstance près,
savoir, que la réunion ne s'étant point effectuée
au niveau même du bord inférieur du voile du
palais, les deux moitiés de la luette se montrent

séparées l'une de l'autre par une petite échancrure. J'ai perdu de vue le jeune Macon depuis l'époque à laquelle je l'opérai, et je présume seulement, sans pouvoir en donner l'assurance positive, qu'il a retiré de la suture du voile du palais les mêmes avantages qui ont suivi cette opération dans les quatre autres cas de réussite par lesquels commence cette première série de faits.

§ IV.

Je passe à ceux de la seconde. On sait déjà qu'il s'agit des cas dans lesquels, bien qu'à la division du voile du palais se trouvât jointe une séparation plus ou moins étendue d'avant en arrière des deux moitiés de la voûte palatine, avec écartement plus ou moins considérable, j'ai néanmoins entrepris la staphyloraphie. Cinq fois déjà j'ai cru devoir tenter l'opération dans une circonstance aussi défavorable, ou plutôt je l'ai faite six fois, puisque l'un des cinq sujets a eu le courage de la subir deux fois à quelques mois d'intervalle, le non succès de la première opération ayant paru tenir à des circonstances éventuelles et imprévues, que lui et moi pouvions espérer ne pas voir se reproduire. Mais avant d'exposer ces faits, je dois résoudre une difficulté qui se présente naturellement à l'esprit.

A quoi bon, se demande-t-on sans doute, et dans quel but entreprendre de réunir le voile du palais lorsque le vice de conformation se continue sur la voûte palatine, soit qu'il y ait bifurcation de cette voûte en arrière seulement, soit, et ce qui est pire encore, que les deux moitiés en soient séparées et écartées l'une de l'autre dans toute leur étendue ? En effet, l'opération est faite sur le voile du palais seulement; on n'agit point, et l'on ne saurait agir, de la même manière au moins, sur la voûte palatine. En supposant donc que la réunion du voile du palais s'effectue, une communication doit rester établie entre la bouche et les narines, en deçà de ce voile, là où était la division de la voûte palatine; et si l'on en juge par l'effet qui résulte des perforations accidentelles de cette voûte, il n'y aura rien de changé dans le timbre si désagréable de la voix, dans le mode si vicieux de la prononciation : on aura donc fait une chose vaine, et obtenu pour soi seulement le stérile avantage d'une grande difficulté vaincue.

Telles sont les objections qui se présentent au premier abord. Mais en réfléchissant un peu plus, on ne tarde pas à être persuadé que ce serait pour l'art un nouveau triomphe si l'on pouvait réussir en pratiquant la staphyloraphie dans les cas de division du voile du palais avec écar-

tement de la voûte palatine. Qui ne voit, en
effet, que le vice de conformation étant désormais borné à la cloison solide qui sépare la bouche des narines, et ne consistant plus qu'en une
simple ouverture, seulement plus ou moins large,
et plus ou moins étendue d'avant en arrière,
on pourrait aisément adapter à cette ouverture
un de ces obturateurs qui ont été imaginés pour
remédier aux perforations accidentelles de la
voûte du palais? Autre chose encore : ne pourrait-il pas arriver, par le fait de la réunion du
voile du palais, que les deux parties de la voûte
palatine se rapprochassent insensiblement l'une
de l'autre, et que l'ouverture se fermât d'elle-
même complètement? Ce que la nature fait
quelquefois pour la partie antérieure des os maxillaires consécutivement à l'opération du bec-
de-lièvre, ne pourrait-elle pas le faire pour la
partie postérieure, après qu'on aurait fait disparaître la division congéniale du voile du palais?

En effet, c'est une chose bien constatée par l'observation, et sur laquelle, en mon particulier, je
n'élève aucun doute, que chez les sujets affectés d'un bec-de-lièvre avec division de la voûte
palatine, la réunion de la lèvre peut être suivie
du rapprochement des deux parties de l'arcade
alvéolaire : et cet effet éloigné de l'opération

du bec-de-lièvre, on le remarque surtout chez les jeunes sujets : il se manifeste d'autant plus promptement que l'opération a été faite à une époque moins éloignée de l'instant de la naissance. On ne peut former que des conjectures sur la manière dont le phénomène s'accomplit; mais, quel qu'en soit le mécanisme, il semble que les mêmes conditions existent, peut-être même à un plus haut degré, à la partie postérieure de la voûte palatine, pour que les deux moitiés de cette voûte, écartées l'une de l'autre en arrière, se rapprochent après la réunion du voile du palais. Sous ce rapport, il est fâcheux qu'il n'en soit pas de la staphyloraphie comme de l'opération du bec-de-lièvre; et que tandis qu'on pratique celle-ci sur des sujets de deux, trois ou quatre ans, ou même sur des enfans plus jeunes encore, il faille attendre, pour la staphyloraphie, que les individus affectés d'une division du voile du palais, avec ou sans écartement de la voûte palatine, aient atteint l'âge de la réflexion. Il est évident que s'il y a possibilité du rapprochement des deux moitiés de la voûte palatine par le fait de la réunion du voile du palais, on doit moins y compter l'opération étant faite sur des sujets parvenus à l'âge de quinze ou seize ans, que si elle l'était sur des sujets plus jeunes, et moins encore à une époque plus avancée de la vie. Peut-être même le rapprochement des deux parties de la voûte palatine, dans la circonstance et de la manière que je suppose en ce moment, n'est-il déjà plus possible à l'âge où la staphy-loraphie est praticable. Ce sont là toutes choses, au reste, qui n'ont point encore été éclairées par l'observation. Comment en pourrait-il être autrement? Je ne sache pas qu'on ait réussi jus-qu'à présent en pratiquant la staphyloraphie dans le cas de division du voile du palais avec écartement de la voûte palatine : pour mon compte, je suis encore à obtenir un véritable succès (1).

HUITIÈME ET NEUVIÈME OBSERVATIONS.

J'ai dit avoir tenté la réunion du voile du palais, dans la circonstance dont il s'agit et dans le but que je viens d'indiquer, sur cinq su-

---

(1) Je devais m'exprimer ainsi à l'époque où je com-posai ce Mémoire, et lors de la lecture que j'en fis, au mois de janvier dernier, à la séance publique de la sec-tion de Chirurgie de l'Académie royale de Médecine. Mais on verra plus bas, que depuis l'époque que je rap-pelle, j'ai fait une sixième fois la staphyloraphie dans un cas de division du voile du palais avec bifurcation de la voûte palatine, et que, plus heureux que je ne l'avais encore été, j'ai obtenu, à bien peu de chose près, tout ce qu'on peut obtenir en pareille circonstance.

jets, tous cinq assez différens d'âge, et sur l'un des cinq deux fois à quelques mois d'intervalle. Ce sujet si patient, si résigné, qu'un extrême désir d'être affranchi de son incommodité avait conduit à courir deux fois les hasards de l'opération, portait un nom dès long-temps inscrit de la manière la plus éclatante dans les fastes des sciences physiques : c'était un petit-fils du célèbre de Saussure. Lui-même avait commencé à suivre la carrière où son aïeul s'était illustré. Il finissait le cours de ses études à l'Ecole Polytechnique lorsque je lui fis une première fois la staphyloraphie, au mois de février de l'année 1820 : il avait quitté cette école lorsque nous récidivâmes vers la fin de la même année. Il fut le sujet de ma seconde expérience sur la suture du voile du palais : son opération suivit de près celle que j'avais faite au jeune médecin du Canada ; conséquemment c'a été la première personne sur laquelle j'aie pratiqué la staphyloraphie dans le cas de division du voile du palais avec séparation des deux moitiés de la voûte palatine. Chez lui l'écartement des os occupait environ le tiers postérieur de la voûte du palais. M. de Saussure portait les traces de l'opération qu'on lui avait faite dans son enfance pour un bec-de-lièvre congénial.

Je lui fis donc une première fois la suture du

voile du palais. C'était en hiver. Dès le lendemain, il fut pris d'une toux vive, avec expectoration abondante et crachement de sang. Alors
seulement j'appris que, malgré tous les dehors
d'une bonne constitution, M. de Saussure était
fort sujet à de violens catarrhes pulmonaires, et
que plusieurs fois déjà la maladie avait été assez
grave, et assez opiniâtre, pour faire craindre une
disposition à la phthisie pulmonaire. On devine
quel fut l'événement. Une vive inflammation
s'empara du voile du palais et de tout l'isthme
du gosier : cependant, les parties réunies ne furent point déchirées par les fils; mais dès l'instant que ceux-ci furent ôtés, elles se séparèrent,
et revinrent à leur état primitif, en même temps
que les symptômes du catarrhe pulmonaire se
dissipèrent.

On pouvait mettre sur le compte d'un malheu-
reux hasard cette invasion d'un catarrhe pulmonaire au moment même où venait d'être pratiquée sur l'isthme du gosier une opération qui
ne peut réussir qu'autant que cette partie est
tenue dans la plus parfaite immobilité. On pouvait espérer plus de succès d'une seconde tentative : du moins y avait-il lieu de penser qu'on
ne serait point contrarié par le même accident.
Nous fûmes une seconde fois, M. de Saussure et
moi, trompés dans notre attente. Une nouvelle

opération, pratiquée six mois après la première, fut suivie des mêmes circonstances absolument. Dès le lendemain, comme après la première, invasion d'un catarrhe pulmonaire des plus intenses, ou plutôt d'un état composé d'hémoptysie et de catarrhe pulmonaire, avec expectoration abondante de mucosités ; puis inflammation vive de l'isthme du gosier, suppuration des surfaces qui avaient été avivées et mises en contact, et, par suite des efforts de la toux, commencement de destruction des points de suture avant le temps où les ligatures devaient être retirées ; plus tard, enfin, séparation complète des deux parties du voile du palais.

De trois autres sujets sur lesquels j'ai pratiqué la staphyloraphie dans des circonstances semblables ou à-peu-près semblables à celles où se trouvait M. de Saussure, l'un était un jeune garçon de la campagne, que j'avais fait entrer à la Charité. Un autre, que j'opérai pareillement à l'hôpital, était aussi un homme de la campagne, mais plus âgé que celui-là : il avait près de trente-six ans Le dernier, enfin, était une jeune demoiselle de dix-neuf ans, dont je crois devoir taire le nom et la condition. Chez le jeune garçon, mais chez lui seul, la voûte palatine était divisée dans toute sa longueur jusques et y compris l'arcade alvéolaire : il y avait de plus un bec-de-

lièvre double, avec avance formée par les os
inter - maxillaires, bec-de-lièvre pour lequel
je fis à ce jeune homme l'opération ordinaire,
qui réussit parfaitement, après que j'eus inutilement entrepris de réunir le voile du palais. Sur
les deux autres sujets, l'écartement de la voûte
palatine était borné au tiers postérieur environ.
Mais chez ces trois individus, comme chez M. de
Saussure, l'isthme du gosier, ou si l'on veut, l'intervalle qui séparait les deux moitiés du voile du
palais, était agrandi transversalement de tout
l'espace mesuré par l'écartement des deux parties de la voûte palatine. Comme chez M. de
Saussure, c'était, non plus un espace triangulaire, ainsi que cela a lieu dans la division simple du voile du palais, mais un espace quadran-
gulaire qui séparait les deux moitiés de ce voile.
Comme chez lui, l'opération ne fut accompagnée d'aucune difficulté extraordinaire ; mais,
comme chez lui, il fallut exercer une traction
assez forte sur les deux parties du voile du palais pour les rapprocher l'une de l'autre, et
pour mettre en contact leurs bords sanglans,
surtout vers la partie supérieure ; et dans ce
point même le rapprochement fut incomplet.

DIXIÈME OBSERVATION.

Il le fut moins cependant chez la jeune demoiselle que sur les deux autres sujets, et qu'il ne
l'avait été chez M. de Saussure : cela tint à une
modification assez remarquable que j'apportai au
procédé opératoire : la voici. Les ligatures étant
placées sur le voile du palais, mais non encore
nouées, je détachai au niveau de la bifurcation
de la voûte palatine, jusqu'un peu en deçà de
cette bifurcation, et de chaque côté dans l'étendue de trois ou quatre lignes environ, la couche
de parties molles qui revêt cette voûte palatine,
de manière à ce que les os fussent en quelque
sorte dénudés. En procédant ainsi, je voulais
rendre plus souples, plus extensibles, partant
plus susceptibles de rapprochement, les deux
moitiés du voile du palais dans leur partie la
plus élevée : je voulais aussi tenter de rapprocher les parties molles de la voûte palatine, et
de fermer avec elles l'espèce d'échancrure formée par les os, ou, si je puis m'exprimer ainsi,
de compléter la voûte palatine avec les parties
molles. Bien entendu que j'avais et continué l'a-
vivement des bords de la division jusqu'aux dernières limites de celle-ci, et placé une quatrième
ligature au-dessus du voile du palais proprement

dit, sur les parties molles détachées de la voûte palatine. Ajouterai-je que, pour opérer cette sorte de dénudation de la voûte palatine dans sa portion bifurquée, je m'étais servi de deux petits couteaux à lame un peu longue, étroite et rcourbée près de la pointe sur l'une des faces, tranchant l'un à droite, l'autre à gauche, et que j'avais fait faire exprès?

En effet, je n'avais point improvisé cette addition à la staphyloraphie proprement dite : je l'avais méditée ; j'en avais calculé les chances tant favorables que défavorables. J'en avais conçu l'idée en réfléchissant au cas d'une jeune demoiselle que je vis au mois de juillet 1822, à Verviers, dans le pays de Liége, chez laquelle la voûte palatine manquait seulement de parties solides depuis le bord postérieur jusque très-près de l'arcade alvéolaire, et transversalement dans l'étendue de son tiers moyen à-peu-près, en même temps que le voile du palais était divisé, mais dans la moitié seulement de sa hauteur. J'obtins par l'opération même tout ce qu'il était possible d'obtenir : il s'en fallait de bien peu que toutes les parties sur lesquelles j'avais agi ne fussent parfaitement en contact. Plus tard aussi, je crus un moment avoir obtenu de la staphyloraphie un résultat encore plus heureux, et plus extraordinaire, que celui auquel j'étais parvenu jusqu'alors ; pendant vingt-quatre heures après que j'eus retiré les ligatures, la réunion se maintint, et l'on ne voyait à la voûte palatine qu'une ouverture assez petite qui aurait pu se remplir de bourgeons charnus ; mais ensuite les deux moitiés du voile du palais se séparèrent complètement, et revinrent à leur état primitif. Cela fut dû en partie, sans doute, à ce que la jeune malade ne put s'abstenir de parler dès l'instant qu'elle crut sa guérison assurée, mais bien plus encore, j'en suis convaincu, à ce qu'à raison de la grande étendue de l'isthme du gosier, d'un côté à l'autre, les deux parties du voile du palais étaient tiraillées en sens contraire à un degré trop considérable.

ONZIÈME ET DOUZIÈME OBSERVATIONS.

Je l'ai déjà fait pressentir : le résultat définitif de la staphyloraphie n'a pas été plus heureux chez le jeune garçon qui portait cette extrême conformation vicieuse tant des parties molles que des parties dures de la mâchoire supérieure, qu'on nomme gueule-de-loup. Après avoir échoué pour le voile du palais, je pus seulement le délivrer de la difformité que lui causait son bec-de-lièvre.

Quant à l'autre homme plus âgé, qui, ainsi que ce dernier, fut opéré à l'hôpital sous les yeux d'un grand nombre de personnes, je ne sais trop comment qualifier ce qui est advenu chez lui : ce n'est point un véritable succès que j'ai obtenu ; je n'ai pas non plus échoué complètement. Bientôt après que les deux parties du voile du palais ne furent plus maintenues en contact par les ligatures, elles se disjoignirent et s'écartèrent l'une de l'autre, mais seulement dans les deux tiers supérieurs environ : la réunion fut définitive à la partie inférieure. Le vice de conformation fut donc ainsi réduit à une ouverture allongée, occupant à la fois la partie la plus reculée de la voûte palatine, et la partie la plus élevée du voile du palais, ouverture séparée de l'isthme du gosier par une sorte de bride un peu épaisse à laquelle la luette se trouvait suspendue. On conçoit que les incommodités qui tenaient à la division complète du voile du palais ont dû persister avec le même caractère absolument, et au même degré : l'ouverture par laquelle elles étaient entretenues s'étendait trop bas pour qu'on pût songer à la fermer au moyen d'un obturateur mécanique. Il s'en faut donc de beaucoup assurément que le but auquel je tendais ait été atteint; et je me garde bien de proclamer ce dernier fait comme un exemple de réussite de la staphyloraphie dans le cas d'une division du voile du palais avec séparation et écartement de la voûte palatine. C'est néanmoins un commencement de réussite ; c'est l'ombre d'un succès. On pourrait peut-être en induire la possibilité d'arriver à un résultat plus satisfaisant. S'il faut le dire cependant, j'en nourris à peine l'espérance, puisque trois autres fois, et dans des circonstances qui n'étaient pas plus défavorables, j'ai complètement échoué.

TREIZIÈME OBSERVATION.

J'ai déjà fait entendre, dans une note de la page 60, que j'avais trop promptement désespéré d'obtenir de la staphyloraphie, et de la staphyloraphie seule, un résultat vraiment avantageux, dans le cas de division du voile du palais avec bifurcation de la voûte palatine. Depuis le jour où ce Mémoire a été entendu dans la séance publique de la section de Chirurgie de l'Académie royale de Médecine, j'ai fait une nouvelle tentative qui a eu, à bien peu de chose près, tout le succès qu'on pouvait raisonnablement espérer. Je l'ai faite sur une jeune demoiselle de vingt-un ans, sœur d'un employé de l'administration des Postes, et qui se nomme mademoiselle Ghermond. La division des deux moitiés de la voûte palatine était bornée au tiers postérieur environ ; il y avait entre les os, dans la partie la plus rapprochée du voile du palais, un écartement de cinq lignes.

C'était donc pour la treizième fois que je pratiquais la staphyloraphie ; et c'était pour la sixième fois que j'essayais de réunir le voile du palais dans le but, non de faire disparaître entièrement un vice de conformation qui s'étendait à la voûte palatine, mais de le convertir en une simple ouverture occupant la partie la plus reculée de cette voûte, et susceptible de recevoir un obturateur. Je n'étais pas sans avoir fait de profondes réflexions sur l'obstacle que l'écartement des os palatins apporte au rapprochement et à la coaptation exacte des deux moitiés du voile du palais, surtout vers la partie supérieure : je n'étais pas non plus sans avoir cherché quelque nouveau moyen de vaincre cet obstacle, le premier que j'avais employé n'ayant point eu le résultat sur lequel je comptais. Presqu'au moment d'opérer mademoiselle Ghermond, il me vint à la pensée que je pourrais augmenter l'extensibilité des deux parties du voile du palais en détachant chacune d'elles de la voûte palatine par une section transversale faite parallèlement au bord libre de l'os palatin, et immédiatement au-dessous de ce bord. Je ne vis aucun inconvénient à tenter ce moyen. C'est en m'écartant ainsi de la route que j'avais suivie jusqu'alors, ou plutôt c'est en ajoutant cette particularité au procédé ordinaire, que j'opérai mademoiselle Ghermond. Je plaçai d'abord trois ligatures : je fis ensuite l'avivement des bords de la division, seulement jusqu'au bord adhérent du voile du palais ; et lorsque vint l'instant de séparer chacune des deux parties de ce voile d'avec la voûte palatine, j'opérai cette séparation avec le même bistouri droit, boutonné, dont je venais de me servir pour faire l'avivement des bords : j'étendis de chaque côté la section transversale, qui comprenait le voile du palais dans toute son épaisseur, jusque tant soit peu en dehors de la ligne verticale sur laquelle étaient placées les trois ligatures.

Cette manœuvre a produit tout l'effet que je pouvais espérer. J'ai pu faire la réunion immédiate dans toute la hauteur du voile du palais ; j'entends dire qu'au moment même, et sans exercer avec les ligatures une constriction trop forte, j'ai pu mettre en contact immédiat dans toute leur étendue les deux moitiés de ce voile. Toutefois, un léger incident avait compliqué l'opération : les deux nœuds simples de la ligature d'en haut étant déjà faits l'un sur l'autre, je m'aperçus que l'anse formée par cette ligature était beaucoup trop lâche, et qu'ainsi ce premier point de suture n'était point assez serré.

Il me fallut couper le fil, le retirer, et en placer un nouveau, au moyen duquel je rapprochai les deux moitiés du voile du palais, vers leur partie la plus élevée, plus exactement que je ne l'avais fait en premier lieu.

J'ai retiré les deux ligatures supérieures à la fin du quatrième jour : j'ai laissé l'inférieure jusqu'à la fin du cinquième ; et voici quel a été le résultat définitif de l'opération. Bientôt après l'enlèvement des deux premiers fils, les bords de la division se séparèrent vers la partie supérieure, et l'ouverture de la voûte palatine s'agrandit sensiblement. Je fus saisi de la crainte d'avoir fait encore une œuvre inutile, et cette crainte m'était inspirée à la fois par ce que je voyais survenir, et par ce que j'avais observé dans d'autres cas. Cependant une véritable satisfaction m'était réservée. La désunion des deux parties du voile du palais s'est arrêtée au milieu de l'intervalle qui séparait la ligature supérieure d'avec la ligature moyenne : au-dessous de ce point, l'adhésion s'est maintenue parfaitement. Le résultat définitif de l'opération est donc des plus remarquables : le voile du palais est réuni dans une étendue qui comprend un peu plus de ses deux tiers inférieurs ; la luette même est rendue à sa conformation naturelle ; de chaque côté aussi, l'adhérence primitive du voile du palais au bord postérieur de la voûte palatine s'est rétablie ; et il ne reste plus du vice originel de conformation qu'une ouverture ovalaire, dont le petit diamètre est transversal, et à laquelle on pourrait dès à présent adapter un obturateur. Au moment où j'écris ces lignes, il y a cinq semaines que l'opération a été faite, et je remets encore à faire porter à mademoiselle Ghermond un instrument de cette sorte. C'est peut-être caresser une chimère ; mais je ne désespère pas de voir l'ouverture de la voûte palatine, sinon s'oblitérer complètement, au moins perdre quelque chose des dimensions qu'elle a maintenant. Pour savoir au juste à quoi m'en tenir à cet égard, j'en ai pris aujourd'hui même la mesure exacte : elle a sept lignes d'étendue dans le sens de son plus grand diamètre, et quatre lignes et demie dans le sens de son diamètre transversal. (*Voyez* pl. 2ᵉ.)

§ V.

Tels sont les faits que je possède sur la staphyloraphie ; tels sont ceux du moins qui me sont propres. En les rapprochant, on voit que sous quelque forme que se présentât le vice de conformation auquel cette opération se rapporte, qu'il fût compliqué ou simple, c'est-à-dire

avec ou sans division de la voûte palatine, ayant
eu soin seulement de ne m'adresser qu'à des sujets qui avaient au moins atteint l'âge de l'adolescence, toujours j'ai pu percer d'arrière en avant
avec de petites aiguilles courbes chacune des
deux parties du voile du palais ; les traverser,
tantôt avec trois ligatures, tantôt avec deux seulement, selon que je voulais faire ou trois points
de suture, ou deux seulement ; amener les bords
de la division à l'état sanglant, les rapprocher
l'un de l'autre, les mettre en contact immédiat,
et les y maintenir en faisant avec les deux bouts
de chaque ligature deux nœuds simples l'un sur
l'autre ; enfin, après trois ou quatre jours, retirer ces mêmes ligatures en coupant chacune
d'elles d'un côté seulement près du nœud, et
cela sans imprimer au voile du palais aucun ti-
raillement, aucune secousse capable de rompre
l'union déjà commencée, mais faible encore,
qui avait dû s'établir entre les deux parties de
ce voile. Quelques sujets, bien qu'ils ne fussent
pas moins résignés que les autres à subir l'opération, et qu'ils eussent le très-grand désir
qu'elle leur fût pratiquée, ont cependant ajouté,
par leur peu de patience, aux difficultés qui lui
sont inhérentes. Chez quelques-uns aussi, ces
difficultés ont été augmentées tant soit peu par
l'excessive sensibilité, et la mobilité non moins

extraordinaire des différentes parties consti-
tuantes de l'isthme du gosier : mais jamais encore
elles n'ont été insurmontables ; toujours j'ai pu
mener à une fin heureuse, au moins pour ce
qui dépendait de l'art, une opération qu'on peut
considérer comme une des plus difficiles et des
plus délicates de la chirurgie, à laquelle même
nulle autre, je crois, ne peut être comparée
sous ce rapport.

Ainsi qu'on l'a vu, je l'ai déjà faite treize fois
sur douze sujets, l'un d'eux, chez qui elle avait
été pratiquée inutilement une première fois,
ayant pris la résolution d'en courir de nouveau
les hasards. Sur six cas dans lesquels elle a été
faite pour une division du voile du palais avec
écartement, soit des os palatins seulement, soit des
deux moitiés de la voûte palatine dans toute son
étendue, deux fois, mais une fois plus particulièrement, j'ai obtenu quelque chose qui appro-
chait de la réussite : dans les quatre autres cas
j'ai complètement échoué. Mais de sept individus
que j'ai soumis à la staphyloraphie dans le cas
plus simple de division bornée au voile du palais, deux seulement n'ont point retiré de cette
opération l'avantage qu'ils en avaient espéré, et
que j'en avais espéré pour eux : encore pourrait-
on aisément les y soumettre de nouveau, s'ils
le voulaient, avec les mêmes chances pour la

réussite que si on la leur pratiquait pour la première fois. Sur les cinq autres, l'événement a comblé mes espérances ; la staphyloraphie a réussi aussi complètement que cela était possible, et de manière à ce qu'il ne reste aucune, ou presque aucune trace visible du vice originel de conformation : par elle, le voile du palais a repris ses formes et sa manière d'être naturelles ; et, chose bien plus importante, il a été rendu à l'exercice de ses fonctions.

On le voit, c'est lorsque la division du voile du palais existe sans vice de conformation à la voûte palatine, que la staphyloraphie peut être faite avec le plus de probabilités de succès : c'est aussi pour les cas de ce genre qu'elle se montre avec tous ses avantages, puisque par elle et par elle seule, quand elle réussit, les parties sur lesquelles elle a été pratiquée sont ramenées complètement à leur état normal, et rendues habiles à remplir les fonctions que la nature leur a départies. Il ne m'appartient pas d'assigner le rang qu'elle doit occuper, comme découverte, parmi les inventions qui tendent à reculer les limites de notre art ; mais il m'est permis, du moins, de la présenter comme devant figurer désormais au nombre des opérations les plus communes, et par conséquent les plus généralement utiles de la chirurgie. Il n'en est pas du vice de conformation qui la réclame comme de ces affections extraordinaires, ou plutôt de ces formes rares ou même tout-à-fait insolites sous lesquelles se présentent quelquefois certaines maladies, lesquelles conduisent à des ressources extraordinaires aussi, qui bien qu'admirables en elles-mêmes, et tournant à la gloire de celui qui les a conçues, n'offrent cependant qu'une utilité bornée à la circonstance qui les a fait naître. La division congéniale du voile du palais est incontestablement l'une des infirmités les plus communes; depuis cinq ans seulement, je l'ai observée sur près de cinquante sujets. Vingt-cinq ou trente individus me l'ont présentée sous une forme simple, et à l'état le plus favorable pour entreprendre de mettre fin aux incommodités qu'elle produit.

On sera peut-être surpris que je n'aie encore trouvé ou saisi que douze fois l'occasion de pratiquer l'opération applicable à ce vice de conformation. Mais d'abord, parmi les sujets sur lesquels il m'a été donné de l'observer, plusieurs étaient des enfans nouveau nés, ou des enfans en très-bas âge. D'autres, bien que plus âgés, étaient encore trop jeunes cependant pour qu'on dût songer à leur faire une opération, la plus minutieuse et la plus difficile incontestablement de toutes celles qu'on ne peut entreprendre que

sur des sujets qui ont atteint l'âge de raison ; et
je suis, pour ceux-ci, dans l'attente de l'époque
à laquelle on pourra la leur pratiquer. Puis,
parmi les individus qui étaient parvenus à l'âge
où la staphyloraphie pouvait leur être faite, quelques-uns étaient dans des circonstances trop dé-
savantageuses pour que je me hasardasse à les
y soumettre : il y avait chez eux un trop grand
écartement transversal des deux parties de la
voûte palatine ; on n'aurait pas pu rapprocher
l'une de l'autre les deux moitiés du voile du palais. D'autres, qui se trouvaient, sous tous les
rapports, dans des circonstances favorables, n'ont
pas voulu subir l'opération : le croirait-on ? ils
attachaient peu de prix aux bienfaits que je leur
en faisais espérer. Il y a peu de jours encore,
je traversais à pied la cour de l'une des grosses
maisons de roulage de la capitale : je m'adresse
à un conducteur de voitures pour avoir de lui
quelques renseignemens dont j'avais besoin : cet
homme me répond avec obligeance ; mais le timbre désagréable de sa voix et la difficulté qu'il
avait à s'exprimer me frappent, et je soupçonne
aussitôt qu'ils sont l'effet d'une division congéniale du voile du palais. Je ne m'étais pas trompé.
Cet homme me permet d'examiner avec soin le
fond de sa bouche, et de lui faire quelques ques-
tions qui avaient trait à son infirmité : mais, lors-

que je le pressai de se soumettre à une opération
qui pourrait le faire jouir de l'avantage d'une
prononciation facile et distincte, il rejeta ma
proposition, en objectant qu'il était trop âgé, et
qu'il lui était indifférent de conserver son infirmité : le temps ne me permit pas de l'endoc-
triner. Enfin, dans d'autres cas non moins favorables, et à l'égard de sujets très-désireux d'acquérir le libre usage de la parole, des circonstances très-diverses ont contrarié mes vœux. Je
citerai les suivans.

Une jeune personne de Laon, que j'avais vue
une première fois, et qu'il avait été convenu que
j'opérerais, tomba malade, et mourut au moment
où ses parens se préparaient à la ramener à
Paris.

Vers la fin du printemps de 1823, une autre
jeune demoiselle avait été amenée de Nantes à
Paris pour que je lui pratiquasse la staphyloraphie : elle était à peine arrivée qu'elle reçoit
la nouvelle de la mort d'un frère qu'elle chéris-
sait ; l'opération que je devais lui faire fut ajour-
née. Je n'ai point revue cette jeune personne.

Peu de temps avant un second voyage que j'ai
fait l'année dernière aux eaux du Mont-d'Or, on
m'écrivit d'Aigueperse, petite ville voisine de
Clermont - Ferrand, pour m'annoncer l'arrivée
prochaine à Paris d'un jeune homme qui avait

une division congéniale du voile du palais. Ce jeune homme m'était adressé par M. Seyne, jeune médecin fort instruit qui avait été un de mes élèves à l'hôpital de la Charité. Comme je devais traverser Aigueperse en allant au Mont-d'Or, il me parut plus simple de voir ce jeune homme à mon passage, et de l'opérer au Mont-d'Or, où il serait venu s'installer pendant le séjour de trois semaines que je devais y faire. Les choses avaient été ainsi convenues : mais une péripneumonie grave dont le jeune homme fut atteint presque immédiatement après que je l'eus vu à Aigueperse, l'empêcha de venir me trouver au Mont-d'Or : il a donc fallu ajourner l'opération que je devais lui faire. Ce jeune homme doit venir incessamment à Paris.

A Verviers, petite ville voisine de Spa, dans le pays de Limbourg, qui fait maintenant partie du royaume des Pays-Bas, où j'avais été appelé il y a deux ans et demi environ pour opérer une dame qui portait une tumeur cancéreuse au pied, deux médecins qui jouissent dans cette ville d'une réputation justement méritée, MM. Rutten père et fils, et qui avaient entendu parler de l'opération que j'avais imaginée pour réunir le voile du palais divisé par un vice de première conformation, me firent voir deux jeunes personnes qui portaient ce vice de conformation, et en éprouvaient à un haut degré toutes les incommodités. L'une avait quatorze ou quinze ans; l'autre avait atteint sa vingtième année. Elles étaient opérables toutes les deux : chez l'une des deux même, la division congéniale occupait seulement la moitié inférieure du voile du palais. C'est sur cette jeune personne que j'observai la voûte palatine manquant de parties solides dans toute sa longueur, mais à la partie moyenne seulement, l'union épigénétique des deux moitiés de cette voûte ne s'étant opérée que pour les parties molles. Je fus sollicité pour faire à ces deux jeunes personnes l'opération que leur état réclamait et comportait si bien : mais, ne devant rester qu'un jour à Verviers, je n'aurais pas pu retirer moi-même les ligatures au temps convenable, et je dus, bien qu'à regret, laisser échapper cette occasion de faire deux fois dans le même jour, et dans le même lieu, une opération pour laquelle j'en étais encore alors à mes premiers essais.

Parlerai-je enfin d'un jeune homme de quatorze ans que me fit voir à Strasbourg, il y a dix-huit mois environ, mon honorable et savant ami M. Caillot? Ce jeune homme était né avec un bec-de-lièvre simple à droite, et une division dans toute la hauteur du voile du palais, la voûte palatine ayant sa conformation naturelle. On l'avait

opéré pour son bec-de-lièvre lorsqu'il n'avait encore que quelques années, et, si je me le rap-
pelle bien, c'est par M. Caillot lui - même que
l'opération avait été pratiquée avec tout le succès
possible. M. Caillot aurait désiré que je fisse sous
ses yeux, à ce jeune homme, l'opération que
nécessitait la division du voile du palais ; mais
je n'aurais eu que le temps de pratiquer l'opération elle-même ; je n'aurais pu ni en suivre, ni en
observer les premiers résultats. Je préférai donc
ne pas l'entreprendre : ce fut toutefois sans beaucoup de regret, prévoyant que M. Caillot ferait
en sorte que ce cas ne fût pas perdu pour l'art.

Ces derniers faits peuvent paraître insigni-
fians : ils le sont, en effet, du moins sous ce raport,
qu'ils ne démontrent rien pour ou contre la staphyloraphie, puisqu'il s'agit dans tous, non
d'opérations qui aient été faites, mais d'opérations
qui auraient pu ou qui auraient dû l'être ; non
de résultats obtenus, mais de résultats à obtenir.
Cependant j'ai cru devoir les mentionner pour
mieux faire juger de la fréquence du vice de
conformation auquel se rapporte la staphyloraphie, et pour établir autrement que par une
simple assertion que la staphyloraphie, une fois
bien connue tant des praticiens que des personnes du monde, deviendra l'une des opérations les plus communes de la chirurgie.

Sur le bruit des premiers succès que j'en ai obtenus, et d'après de courtes notes insérées dans nos journaux scientifiques sur le procédé que j'avais mis en usage, quelques occasions de la pratiquer ont été saisies, tant en France qu'en pays étranger, par des hommes connus plus ou moins avantageusement dans notre art; et déja aussi plusieurs cas de réussite viennent grossir le nombre de ceux que j'ai rapportés.

Si j'en crois une première annonce qui m'a été transmise tout récemment par M. Ausiaux, professeur de chirurgie à l'Université de Liége, un dentiste fort habile de cette ville, M. Jousselin, aurait pratiqué deux fois, il y a peu de temps, et dans les deux cas avec succès, la suture du voile du palais. C'était peut-être, dans l'un des deux cas, sur un médecin qui habite une petite ville voisine de Liége, et qui avait dû venir à Paris il y a deux ou trois ans pour que je lui pratiquasse l'opération dont il s'agit. J'ai demandé des renseignemens sur ces deux cas de staphyloraphie : ils ne me sont point encore parvenus.

Elle a été faite en Angleterre, plusieurs fois même et par différens chirurgiens, à ce que j'ai ouï dire. De ces derniers faits, cependant, je ne connais d'une manière exacte que celui dont les détails sont consignés dans le *Médical Intelli-*

gencer. L'opération avait été pratiquée par M. Alcock, chirurgien de Londres, et le succès avait couronné son entreprise. Seulement, ainsi que l'observe l'auteur du compte abrégé qui en est rendu dans notre Revue médicale du mois de février de l'année dernière, M. Alcock avait ajouté aux difficultés déjà si grandes de l'opération dans les circonstances même les plus favorables, en suivant un procédé beaucoup moins simple que celui que j'ai adopté.

M. Caillot a dû opérer le jeune homme qu'il m'avait fait voir à Strasbourg.

A peine en possession d'une place dans laquelle il promettait d'être un digne successeur des Marc-Antoine Petit, des Cartier, des Vizicel, des Bouchet, des Janson, M. Mortier, dont la ville de Lyon déplore la perte récente, avait trouvé une occasion de pratiquer une staphyloraphie. Sur la demande empressée qu'il m'en avait faite, je lui avais transmis les renseignemens dont il croyait avoir besoin pour entreprendre cette opération avec toutes les chances possibles de succès. A-t-il pu profiter de ces renseignemens ? ou bien la maladie à laquelle il a succombé, et dont il éprouvait alors les premiers symptômes, l'a-t-elle empêché de faire une chose par laquelle, selon ce qu'il me mandait, il était flatté de marquer ses premiers pas dans la nouvelle carrière qui lui était ouverte ? Je l'ignore absolument. Je voudrais être certain que ses désirs ont été accomplis; j'aimerais à proclamer un succès obtenu par lui dans la route que j'ai frayée, non pour en tirer vanité, non pour m'enorgueillir de l'avoir préparé, mais pour y trouver un prétexte encore plus naturel, un motif plus juste d'honorer ici de mes regrets la mémoire d'un homme chez qui le mérite avait devancé l'âge, et sur le jeune talent duquel il était permis de fonder les plus hautes espérances.

Un chirurgien de Berlin, M. Grœfe, a fait connaître récemment, dans un Journal qu'il publie avec M. Walter, de Bonn, les résultats de quelques tentatives qu'il a faites pour réunir le voile du palais. S'il n'a obtenu jusqu'à présent que des succès incomplets, il doit en accuser l'imperfection des moyens qu'il a voulu mettre en usage. Rien de plus bizarre, en effet, que la manière dont il procède, tant à l'avivement des bords de la division, qu'au rapprochement des deux parties du voile du palais. M. Grœfe me conteste la priorité pour l'invention de la staphyloraphie. S'il faut l'en croire, ses premiers essais sont de quelque temps antérieurs à l'opération que j'ai faite à M. Stephenson, au mois de septembre 1819 : de jeunes médecins alle-

mands, en venant visiter Paris, après avoir étudié à Berlin, auraient pu indiscrètement m'en
donner connaissance ; et j'aurais eu la déloyauté
de me déclarer l'inventeur d'une opération que
je savais avoir été imaginée et déjà pratiquée
par d'autres. Je me respecte trop pour répondre
à M. Grœfe par une accusation du même genre,
et m'abstiens de toute discussion polémique à
cet égard : seulement je déclare, sur l'honneur,
que jamais rien ne s'était offert à ma pensée, et
que je n'avais reçu non plus aucune inspiration
étrangère, relativement à la suture du voile du
palais, lorsque je fus conduit à entreprendre
cette opération sur le jeune médecin du Canada.

§ VI.

Je ne terminerai pas ce Mémoire sans revenir
un moment sur les cas dans lesquels l'écartement
des deux moitiés de la voûte palatine complique
la division congéniale du voile du palais.

Dans les cas de ce genre, comme on l'a vu,
un grand obstacle, non pas à l'exécution, mais
au succès de la staphyloraphie, c'est l'écartement
trop considérable des deux portions du voile du
palais ; et l'intervalle qui les sépare n'est si grand
que parce qu'il y a division avec écartement des
deux moitiés de la voûte palatine ; soit dans toute

son étendue, soit en arrière seulement. Puisqu'il en est ainsi, ne pourrait-on pas, par une action prolongée sur les dents, ou sur les arcades alvéolaires, avant que les os aient acquis toute leur solidité, tout leur développement, obtenir le rapprochement des deux parties de la voûte palatine ? On diminuerait ainsi l'étendue transversale de l'isthme du gosier : alors les deux moitiés du voile du palais seraient séparées par un moindre intervalle ; elles se toucheraient à la partie supérieure. Sans doute la division se continuerait encore sur la voûte palatine ; il y aurait à cette voûte une fissure ; mais à part cela, le vice de conformation serait ramené à la manière d'être la plus simple : on pourrait donc alors pratiquer la staphyloraphie de la même manière, avec les mêmes avantages, et avec les mêmes chances de succès, que s'il s'était agi primitivement du cas le plus simple, d'une division bornée originairement au voile du palais. Et pourquoi, en effet, ne tenterait-on pas d'obtenir, par une action mécanique convenablement dirigée sur les deux côtés de la mâchoire supérieure, un effet semblable à celui qui résulte quelquefois de la simple opération du bec-de-lièvre dans les cas où ce dernier vice de conformation existe avec écartement des deux moitiés de la voûte palatine ; et lorsque l'opération est pratiquée sur des sujets chez lesquels le développement des os n'est pas encore terminé ? Peut-être la nature ne se refuserait-elle pas à seconder les efforts de l'art.

Plein de cette idée, j'ai songé tout récemment à tenter d'obtenir, par des moyens mécaniques, le rapprochement des deux parties de la voûte palatine. C'est à quoi Levret, Jourdain et Autenrieth avaient déjà pensé ; et je ne fais que donner suite à un projet déjà conçu par eux. Toutefois, le but que je me propose est bien différent du leur. Ce qu'ils voulaient seulement, c'était de faire disparaître la communication de la bouche avec les narines, et de réduire le vice de conformation à une division simple du voile du palais, espérant ainsi voir diminuer les incommodités qu'il produit. Mais il est d'observation que ces incommodités ne sont pas beaucoup plus grandes lorsque le vice de conformation s'étend à la voûte palatine, que lorsque la division est bornée au voile du palais. L'occlusion d'une fente plus ou moins étendue à la voûte palatine ne peut donc pas être par elle-même une source de grands avantages, dès que le voile du palais doit rester divisé ; et s'il devait en être autrement, ces avantages, on les obtiendrait au moyen d'un simple obturateur. Mon but, au contraire, en cherchant à faire disparaître la bifurcation de la voûte palatine, ce serait de rapprocher l'une de l'autre en même temps les deux parties du voile du palais, et de les amener ainsi artificiellement à une manière d'être qui permît de pratiquer la staphyloraphie, sans de plus grandes difficultés et avec autant de chances pour la réussite, que si le vice de conformation avait existé de prime-abord à l'état le plus simple.

J'ai pensé qu'on pourrait employer, et la double traction exercée en sens contraire sur les deux rangées de dents molaires, moyen sur l'efficacité duquel Jourdain avait compté, et la compression sur les parties latérales de la mâchoire supérieure, recommandée par Levret et Autenrieth. J'espère cependant beaucoup plus du second de ces deux moyens que du premier. Le difficile est de trouver pour cette compression un procédé qui n'entraîne pas de trop grands inconvéniens. Pour y parvenir, je me suis entouré des lumières d'un dentiste avec qui je suis lié d'amitié depuis long-temps, de M. Miel, dont on connaît la solide instruction, et le zèle pour les progrès de l'art qu'il cultive. Ensemble nous avons dirigé un jeune mécanicien fort habile dans l'invention d'un appareil qui semble construit de manière à procurer d'heureux résultats. Je m'abstiendrai d'en donner ici la description : cet appareil n'est même pas encore terminé ; mais il le sera bientôt, et je suis au moment d'en faire l'essai

sur une jeune fille de huit ans. D'autres occasions de continuer les expériences à cet égard
ne me manqueront pas, j'en suis sûr ; et je suis
impatient de savoir quels seront les résultats.
Mais, qu'ils soient ou non conformes à mes vœux,
qu'ils tendent ou non à agrandir la sphère d'u-
tilité de la staphyloraphie, je les ferai connaître.
Ils pourront faire le sujet d'un supplément au
Mémoire qu'on vient de lire.

FIN.

EXPLICATION DES FIGURES.

Planche première.

Les trois premières figures de cette planche présentent les trois degrés principaux de la division congéniale du voile du palais, ou pour mieux dire, les trois formes sous lesquelles se présente le plus ordinairement ce vice de conformation. On voit dans la première la division bornée à la moitié inférieure du voile du palais; la seconde montre le voile du palais fendu dans toute sa hauteur, jusqu'à l'épine nasale postérieure; et la troisième, la division de ce voile avec séparation et écartement des deux moitiés latérales de la voûte palatine, dans son tiers postérieur environ.

Les trois autres figures de cette planche sont consacrées à représenter quelques-unes des principales circonstances de la staphyloraphie. On voit dans la première les trois ligatures engagées seulement dans les deux parties du voile du palais. Dans la seconde, ces ligatures sont nouées, les points de suture terminés, et les deux parties du voile du palais mises en contact par leurs bords correspondans. Enfin, la troisième représente le voile du palais à l'état où il est amené définitivement quand l'opération est suivie de succès.

Planche deuxième.

Fig. 1re. Cette figure représente fidèlement l'état actuel du voile du palais et de la voûte palatine chez la jeune demoiselle qui est le sujet de la treizième observation.

Les autres figures de cette planche représentent les aiguilles, le porte-aiguille, les ciseaux coudés, et le bistouri boutonné que j'emploie pour pratiquer la staphyloraphie.

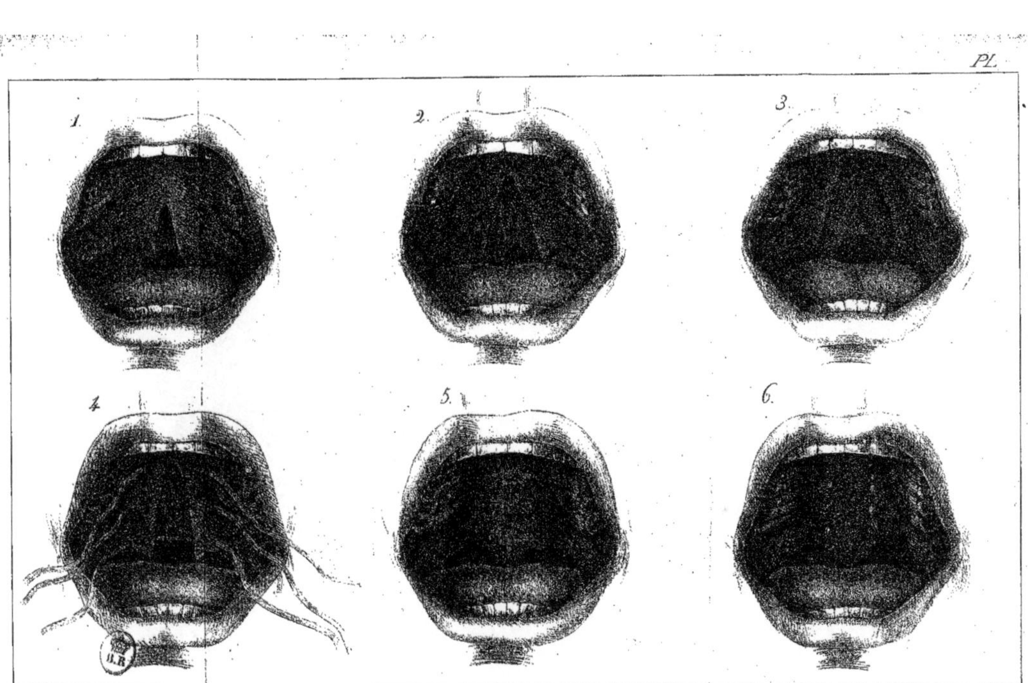
PL.
1.
2.
3.
4.
5.
6.
E. Guérin del. et Lith.
Lith. de F. Noël

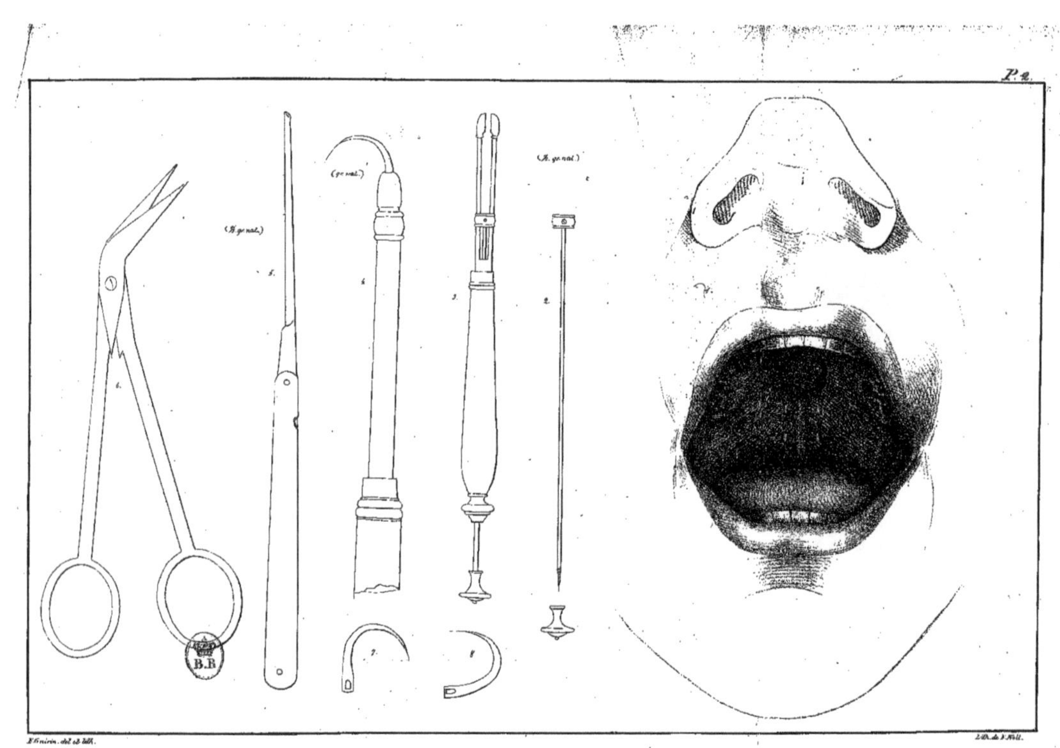
P. 2.

9 782329 050928